기본소득이
세상을 바꾼다

지금+여기 ⑤

기본소득이 세상을 바꾼다
-기본이 안 된 사회에 기본을 만드는 소득

2017년 1월 2일 초판 1쇄
2021년 5월 31일 초판 6쇄

지은이 | 오준호

편   집 | 김희중, 이민재
디자인 | 강찬규
제   작 | 영신사

펴낸이 | 장의덕
펴낸곳 | 도서출판 개마고원
등   록 | 1989년 9월 4일 제2-877호
주   소 | 경기도 고양시 일산동구 호수로 662 삼성라끄빌 1018호
전   화 | (031) 907-1012, 1018
팩   스 | (031) 907-1044
이메일 | webmaster@kaema.co.kr

ISBN 978-89-5769-379-7 (03300)
ⓒ 오준호, 2017. Printed in Goyang, Korea

지금+여기 5

기본이 안 된 사회에 기본을 만드는 소득

기본소득이
세상을 바꾼다

오준호 지음

BASIC
INCOME

개마고원

우리는 원한다, '기회 재장전'을!

영화 〈엣지 오브 투모로우〉(2014)에서, 외계인이 지구를 침공한다. 기술적으로 월등한 외계인의 공격에 인류의 운명은 백척간두에 놓인다. 그때 인류를 구할 운명을 어깨에 지고 한 사람이 나타난다. 그의 이름은 빌 케이지. 죽지 않는 전사다.

정확히 말하면 케이지는 죽는 순간 바로 과거의 어느 시점으로 돌아가 삶을 다시 시작한다. 원래 케이지는 전투 경험조차 없는 정훈장교였다. 그는 첫 전투에 나서자마자 전사하는데, 바로 그 순간 출전 전날로 되돌아간다. 어떤 이유인지 그에게 시간을 '리셋'하는 능력이 생긴 것이다. 게다가 케이지는 자기가 죽기 직전까지 일어난 일을 그대로 기억한다. 방금 전 외계인의 매복에 걸려 죽은 케이지는 되살아난 후 적이 매복한 위치를 정확히 파악한다. 당연히 이번에는 매복을 피하고 도리어 적을 기습하는 데 성공한다.

죽고 되살아나길 반복하면서, 풋내기 케이지는 어느새 탁월한 병사로 변화한다. 숱한 실패의 경험이 케이지를 성장시킨 원천이다. 케이지는 그리하여 조금씩 외계인의 숨은 비밀 기지로 다가간다. 케이지의 이런 비밀을 알고 있는 동료 병사 리타가 케이지에게 묻는다. "우리 여기 몇 번이나 와 봤을까?" 케이지는 대답한다. "셀 수도 없지."

혹시 케이지처럼 모든 것을 리셋하고서 새로 시작하고 싶었던 적이 없는가?

시험을 망쳤을 때, 대입에 실패했을 때, 전공과목이 적성에 안 맞을 때, 들어간 직장이 마음에 안 들 때, 또는 회사에서 해고당했을 때, 부주의해서 크게 다쳤을 때, 사기 당했을 때, 야심차게 시작한 장사가 망했을 때, 투자를 잘못해서 큰 손실을 봤을 때… 셀 수 없을 것이다.

우리는 살면서 무수히 실수를 저지른다. 불운도 만난다. 한때는 고심해서 택한 길이지만, 시간이 지나면 엉뚱한 다른 길이 미치도록 가고 싶다. 그런데 이전에 저지른 실수의 결과에서 영영 벗어날 수 없다면 얼마나 괴로운가. 내 의지와 무관한 불운의 펀치에 쓰러지고는 다시 일어설 수 없다면 얼마나 절망스러운가. 정말 하고 싶은 일을 못하고 마음에 없는 일을 하며 살아야 한다면 얼마나 불행한가. '이생망(이번 생은 망했어)'이라 읊조리며 남은 삶을 살아간다면 그 삶이 과연 자유로운가. 한 번 선택한 결과는 절대로 되돌릴 수 없는 인생이라면, 그 결과에서 벗어나기 위해 너무 큰 결심과 부담이 필요한 사회라면, 그건 너무 가혹하다. 한 번의 실수나 실패로 인생이 결정된다면, 우리에게 도전할 자유와 모험할 권리는 없는 거나 마찬가지다.

〈엣지 오브 투모로우〉에서 빌 케이지는 되살아날 때마다 과감히 새 전술을 시도한다. 그에게는 '목숨 재장전life-reloaded'이라는 비결이 있기 때문이다. 그는 죽음을 두려워하지 않으며 혁신에 거침이 없다. 경험이 쌓일수록 다음 생에는 더 많이 전진해 한 발 한 발 승리에 다가선다

인간은 완벽한 존재가 아니다. 이것은 실패할 확률이 높다는 점에서 비애지만, 경험을 통해 성장할 수 있다는 점에서 축복이다. 새로 시작할 기회가 더 자주 주어진다면 개인은 더 많이 성장한다. 그런 개인들이 모인 사회에도 당연히 이익이다. 물론 우리는 케이지처럼 목숨을 재장전할 수는 없다. 하지만 '기회 재장전chance-reloaded'은 가능하다. 이 사회가 각자에게 몇 번이든 기회를 재장전해주도록, 사회 구성원인 우리가 그렇게 만들면 된다. 기회가 흔할수록 사람들은 현실 안주보다 혁신을, 익숙함보다 모험을, 유행보다 창조를, 이기심보다 협력을 즐기지 않을까. 그런 세상의 모습은 지금과는 완전히 다를 것이다!

컴퓨터 게임을 리셋하고 새로 시작하면 내 캐릭터의 에너지 바가 꽉 채워져 있다. 인생에 새로운 기회가 주어지려면 마찬가지로 물질적 조건이 갖추어져야 한다. 의식주 해결이 안 된 채 마음껏 자유롭게 선택하는 건 불가능하다. 어디 상상해보자. 물질

적 조건, 즉 다달이 필요한 소득이 정기적으로 충전된다면? 내 통장에 매달 어느 정도의 액수가 꼬박꼬박 채워진다면? 한 달마다 지갑에 100만 원이 들어온다면? 이 돈을 얻으려고 은행이나 주민센터에 서류뭉치와 도장을 들고 들락날락하지 않아도 된다면? 과연 어떤 세상이 될까!

　손오공이 근두운 타고 요괴랑 싸우는 얘기만큼 허황한 아이디어라고? 그렇지 않다. 그 아이디어는 역사적으로 오랜 뿌리를 갖고 있으며, 오늘날 인류가 마주한 많은 문제의 해결책으로 떠오르고 있다. 철학자 버트런드 러셀, 인권운동가 마틴 루터 킹, 노벨경제학상을 받은 제임스 미드도 이 아이디어를 지지했다. 복지국가 핀란드에서 개발도상국 인도에 이르는 많은 나라에서 이 아이디어와 관련해 진지한 실험을 진행했거나 하려 한다. 실업자에서 IT기업 CEO까지, 제3세계의 가난한 농민에서 세계적인 부자까지 이 아이디어를 반긴다. 10년 전까지 이 아이디어는 허튼 소리로 여겨졌지만, 이제는 좌우를 막론하고 명실상부한 정책 대안으로 떠오르고 있다.

　대체 그게 어떤 아이디어인가? 왜 그 아이디어가 뜨거운 관심을 모으는가? 그 아이디어는 현실이 될 수 있는가? 지금부터 그 이야기를 해보려 한다.

2017년 1월

오준호

차례

1장
기본소득, 왜 지금일까?

2장
공짜 돈을 주면 게을러진다고?

3장
일이냐 삶이냐

4장
기본소득, 우리는 자격 있다

1장

기본소득, 왜 지금일까?

형제나 친구를 위해 돈을 내주어

그 돈이 돌 밑에서 녹슬지 않게 하여라.

—「집회서」 13장 21절, 『구약성서』

"브레멘 동물 악단 이야기를 아세요?"

눈동자가 파란, 금발 독일 여성 가브리엘 슈미트Gabriele Schmidt는 이렇게 물었다. 슈미트는 독일 브레멘시의 시의원이다. 그녀는 2016년 7월 서울에서 열린 '기본소득 지구네트워크 대회Basic Income Earth Network Congress, BIEN Congress'에 참여했다. 기본소득 지구네트워크 대회는 2년마다 세계 여러 나라의 기본소득 이론가, 활동가들이 모이는 큰 행사다.[1] 그녀는 자신을 소개하다가 자기 고향에 관련한 유명한 동화 이야기를 꺼냈다.

"동물들이 악사가 되려고 브레멘에 가는 동화 말인가요?"

"네. 그 동화는 바로 기본소득 이야기랍니다."

동화에서 개·고양이·수탉·당나귀는 주인을 위해 평생 노동하다가 늙어 더 이상 일할 수 없게 된다. 주인은 그런 동물들을 학대한다. 견디다 못한 동물들은 '브레멘에 가서 악사나 되어보자'며 길을 떠난다. 캄캄한 밤길을 걷다가 불 켜진 집이 보여 동물들이 그리로 다가간다. 집안에는 도둑들이 약탈한 음식으로 한창 진수성찬을 벌이고 있었다. 동물들은 창밖에서 일제히 소리를 쳤다. 멍멍, 야옹야옹, 꼬끼오, 히히히힝! 도둑들은 귀신인 줄 알고 혼비백산 도망간다. 동물들은 진수성찬을 차지한다.

몇 시간 지나 도둑들이 되돌아온다. 그러나 개는 물고, 고양이는 할퀴고, 수탉은 쪼고, 당나귀는 뒷발로 차서 도둑들을 쫓아낸다. 도둑들은 "악마다, 악마!" 하고 울부짖으며 멀리 내뺀다. 동물들은 차려진 음식을 마음껏 먹고 마시며 그들이 원하던 악단이 되어 여생을 즐긴다.

이 동화의 교훈은 무얼까? 착하게 살면 복을 받는다? 하지만 동물들이 딱히 무슨 착한 일을 한 것은 아니다. 부지런히 일하면 보상이 있다? 동물들은 죽도록 일했지만 보상은커녕 주인에게 학대만 당하다 도망친다. 게다가 동물들은 도둑으로부터 빼앗은 음식을 원래 주인에게 돌려주지 않고 자기들이 차지한다. 그런데 동물들의 이 행동은 부당하게 느껴지지 않고 통쾌하다. 이 동화는 이런 말을 하려는 게 아닐까?

"우리는 인생을 즐길 자격이 있다!"

동물들은 넉넉한 음식과 따뜻한 집을 얻었다. 노동의 굴레에서 벗어났고, 하고 싶은 일을 하며 행복하게 살았다. 누구나 자신의 몫을 얻고, 인생을 즐길 권리가 있다는 것. 이것이 브레멘 악단 동화가 전하는 메시지이며, 슈미트가 이 동화를 기본소득 이야기라고 말한 이유다.

저 브레멘 악단처럼 우리는 될 수 없을까? 인생은 짧다. 왜 우리는 먹고사는 데만 급급한 삶을 살아야 하는 걸까? 만약 먹고살 것만 충분히 있다면 동화 속의 동물들처럼 인생을 즐기며 살아도 되지 않을까? 물질적인 조건만 갖춰진다면 얼마든지 가능한 일이다. 관건은 그런 물질적인 조건이 있느냐다. 동물들의 눈앞에 차려졌던 진수성찬이 우리에게도 준비되어 있을까? 다행히, 있다!

오늘날 인류는 역사상 가장 풍요로운 부와 마주하고 있다. 루거 브레그먼_{Rutger Bregman}은 『현실주의자의 유토피아_{Utopia for real-ists}』에서 인류의 현재와 과거를 비교한다. 산업혁명이 시작되던 18세기 말~19세기 초 세계 인구의 90%는 절대빈곤에 처해 있었다. 하지만 21세기 초인 현재, 절대빈곤에 처한 인구는 전체 인구의 약 10%로 줄었다. 인류의 기대수명은 2012년에 70세를 넘겼고, 이는 1900년 당시 평균수명의 두 배가 넘는다. 기아 문제는 아직 완전히 해결되지 않았지만, 하루 2000$kcal$ 이하의 영양을 섭취하는 인구는 1965년에 세계 인구의 51%였던 것이 2005년에 3%로 줄어들었다.[2] 세계 총생산 규모는 1960년에 약 7조 달러에서 2010년에 56조 달러로 8배 성장했다. 특히 한국은 20세기 물질적 진보의 성공 사례로 꼽을 만하다. 외국의 원조를 눈 빠져라 기다리고, 달러를 획득하기 위해 자기 나라 국민을 베트남 정글에서 중동 사막까지 보낸 한국은 세계 11위의 경제대국으로 성장했다.

부를 나누려고만 한다면, 조건은 그 어느 때보다 좋다. 하지만 현실은 어떤가. 학대당하는 동물들의 모습은 우리와 무섭도록 닮았다. 아직 일할 힘이 있는 중장년층은 노동시장에서 강제 퇴출당하고, 사회에 막 나온 청년들은 불안한 저임금 비정규직으로 첫 일자리를 시작한다. 한쪽에서는 일자리가 없어 고통당하고 한쪽에서는 간신히 붙잡은 일자리를 놓치지 않으려다 과로로 쓰러지고는 한다. 여기에 더해 우리는 기술 혁신이 대량 실업을 불러오리라는 두려움에 떨고 있다. 경영학자 워렌 베니스Warren Bennis는 미래 사회를 이렇게 풍자한다. "미래의 공장에는 개 한 마리와 직원 한 사람만 존재하게 될 것이다. 개는 사람이 장비를 건드리지 못하게 하려고 필요하고, 사람은 개 먹이를 주기 위해 필요하다."[3] 이것이 역사상 가장 부유한 시대에 벌어지는 사태다. 그리고 이 사태가 계속된다면 사람들이 처한 고통은 점점 심해질 것이다.

동물들은 가만히 앉아 있다가 만찬 메뉴가 되느냐, 아니면 자유로운 삶을 찾아 브레멘으로 떠나느냐의 기로에 섰다. 동물들은 과감하게 후자를 택했고 원했던 대로 악단이 되고 진수성찬을 얻었다. 우리는 어떻게 할 것인가? 무한한 경제성장과 완전고용이라는 신화는 이미 무너져내렸다. 인간적 존엄성이 도살될 때까지 기다릴 것인가, 아니면 이미 존재하는 부를 나누어 모두의 자유를 보장하는 길로 갈 것인가?

스위스 국민투표가
실패했다고?

『2001 스페이스 오디세이』를 쓴 SF소설가 아서 C. 클라크는, 세상에 새로운 아이디어가 나타날 때 사람들이 보이는 반응이 크게 세 단계에 걸쳐 변한다고 했다. 처음에 사람들은 "그건 미친 소리야. 내 시간을 낭비하지 마"라고 말한다. 조금 시간이 지나면 "그거 괜찮은 생각이긴 한데, 하지만 다른 급한 일이 많아"라고 한다. 더 시간이 지나면 사람들은 이렇게 말한다. "내가 처음부터 말했잖아. 이건 끝내주는 생각이라고!"

2016년 5월 14일, 비 내리는 스위스 제네바 플랑팔레 광장 바닥에 초대형 포스터가 펼쳐졌다. 광장을 꽉 채운 8115m^2의 이 포스터는 기네스북이 인정한 '세계에서 가장 큰 포스터'다. 스위스 기본소득 활동가들은 2016년 6월 5일 실시될 예정인 기본소득 도입 여부를 묻는 국민투표에 찬성표를 호소하려고 이 포스터를 만들었다. 포스터에는 거대한 노란 글씨로 이렇게 쓰여 있었다.

"소득이 보장된다면, 무얼 할래요?"

스위스 기본소득 활동가들은 이 물음이야말로 '세상에서 가장 큰 질문'이라고 한다. 포스터의 크기 때문이 아니다. 이 물음은 우리의 머릿속에 강력하게 '삽입'되어 있는 하나의 생각을 뿌리째 흔든다. 소득은 거의 전적으로 취업 노동에서 나오고, 그래서 높은 소득을 보장하는 직업이 그 사람의 가치를 결정한다는 생각 말이다.

일을 하든 안 하든 평생 기본소득을 보장한다면? 우리가 무얼 하든 굶을 걱정이 없다면? 이런 일이 일어난다면 개인의 삶은, 사회의 모습은 어떻게 변할까?

아서 클라크의 말처럼, 이러한 아이디어는 불과 10여 년 전까지만 해도 '미친 소리' 취급을 받았다. 그런데 최근 들어 기본소득의 바람이 전세계에 불고 있다. 너도나도 기본소득을 이야기한다. 여기에는 스위스 기본소득 국민투표가 결정적인 계기가 되었다.

스위스에서 기본소득으로 주려는 금액이 '월 2500스위스프랑(원화로 약 300만 원)'이라는 소식도 퍼졌다. 한국은 물론 전세계 사람들이 "뭐라고? 한 달에 300만 원을 그냥 준다고?"라며 관심을 가지기 시작했다. 국민투표 날짜가 다가오자, 한국의 TV 프로그램 〈비정상회담〉(다양한 나라에서 온 남성 청년들이 이야기를 나누는 프로그램)에서도 스위스 기본소득 투표를 주제로 찬반 토론을 벌였다.

자히드(파키스탄): 전 반대해요. 그런 돈을 그냥 주면 국민들이 일을 하지 않을 거예요.

기욤(캐나다): 찬성해요. 우리나라에서 이미 1970년대에 기본소득 지급 실험을 했는데 효과가 좋았어요. 기본소득은 빈곤 문제를 해결할 수 있는 좋은 방법이라고 생각해요.

오헬리엉(프랑스): (사회자인 가수 성시경에게) 돈과 상관없이 노래를 하고 싶은 마음이 있잖아요?

성시경(사회자): 돈을 벌 수 있다고 생각하면 더 열심히 노래를 부르겠죠.(웃음) 하지만 돈 걱정을 덜면 지금보다는 덜 치열하게, 하고 싶은 일을 하고 살 수 있을 것 같아요.

마크(미국): 아이디어는 매력적이지만 돈을 어떻게 구하죠? 세금으로 충당하게 되면 국민들이 좋아하지 않을 거예요.

자히드: 사람들에게 돈을 주기보다 정부가 일자리를 만드는 것이 낫다고 생각합니다.

오헬리엉: 자히드 말은 과거에는 옳았지만 앞으로는 옳지 않아요. 프랑스에는 이미 지하철이 전부 무인 운전 지하철로 바뀌었어요. 인공지능이 일자리를 대체하게 돼요.

성시경: 설마 인공지능이 노래도 하지는 않겠지?(웃음)

스위스 국민투표에서 기본소득 도입은 '찬성 23%, 반대 77%'로 부결되었다. 투표 결과가 나오자 한국의 언론들은 '스위스 국민들이 포퓰리즘을 거부했다'고 목청을 높였다. 정말 그런 것일까? 투표 결과는 기본소득의 전망이 어둡다는 걸 의미하나? 혹은 나무에서 돈이 열리는 줄 착각하는 복지병 환자들에게 매서운 교훈을 준 것일까?

바로잡아야 하는 오해가 있다. 이번 스위스 국민투표는 스위스 헌법에 기본소득 보장을 명시할지를 묻는 투표였다. 300만 원이든 30만 원이든 기본소득 액수를 얼마로 정할지를 묻는 투표가 전혀 아니었다. 300만 원은 국민투표 운동을 벌인 단체인 '스위스 기본소득 이니셔티브Initiative Grundeinkommen'가 "이 정도는 필요하다"며 제시한 금액일 뿐이다. 또 스위스의 물가를 감안할 때 300만 원은 최저생계비를 조금 상회하는 액수에 불과하다는 이야기도 나온다. 〈비정상회담〉에 기본소득 찬반을 토론 안 건으로 올린 스위스 청년 알렉스도 스위스에서 300만 원은 "한 달 겨우 살 만한 돈"이라고 말한다.

제16차 기본소득 지구네트워크 대회에서도 스위스 기본소득 활동가 체 바그너Che Wagner가 단상에 올라 스위스 국민투표 결과에 관해 설명했다. "스위스에서 국민투표를 했다고 많은 사람이 놀라지만, 우리나라에서 국민투표는 1년에 네다섯 번씩 하는 흔한 일입니다." 그는 투표자 가운데 23%인 56만8905명이 찬성표를 던졌으며, 스위스 기본소득 지지자들은 이것을 실패라고 생각하지 않는다고 힘주어 말했다.

"여론조사를 할 때만 해도 찬성이 9~10% 정도였습니다. 찬성이 4명 가운데 1명으로 늘어난 것이지요. 18세~29세 사이의 젊은 투표자는 36%가 찬성했는데 전체 찬성률보다 높습니다. 여기에 스위스 기본소득 운동의 미래가 있습니다. 또 유권자를 대상으로 설문조사를 해보니, 반대표를 던진 투표자 가운데 63%가 기본소득을 앞으로 계속 논의하는 데 동의한다고 응답했습니다. 찬성 투표자 가운데는 83%가 그렇게 응답했습니다. 즉 이번 투표는 더 깊은 논의로 가기 위한 출발점입니다."

이 말대로라면, 반대 투표자 가운데 3분의 2에 가까운 사람이 기본소득의 취지에 동의하지만 '당장 도입'에는 부담스러워한 것으로 보인다. 설문조사 결과를 보면 투표자의 31%가 미래에는 기본소득이 도입될 거라 생각한다고 대답했고, 젊은 투표자의

"소득이 해결(보장)된다면 무엇을 하시겠습니까?" 제네바 플랑팔레 광장의 기본소득 도입 홍보 포스터. 스위스의 기본소득 도입은 국민투표에서 부결됐지만 이에 반대한 유권자들 가운데서도 60%는 이 논의를 계속 이어가야 한다는 데 동의했다.

경우에는 41%가 그렇게 답했다. 또 투표자의 44%는 지방자치단체 차원에서 먼저 기본소득 실험을 해볼 필요가 있다고 여겼다. 직접민주주의에 익숙한 스위스 사람들에게 국민투표의 의미는 우리와 많이 다르다. 그들에게 이번 국민투표는 기본소득 논의를 종결짓자는 게 아니라, 단지 현 시점에서 국민의 의사를 확인해보자는 의미였다. 투표 결과 2016년 현재 스위스에서 기본소득이 아직 이르다고 생각하는 국민이 더 많다는 사실을 알았다. 하지만 설문조사 결과를 볼 때 스위스 국민들은 기본소득 논의를 계속할 필요가 있다고 생각한다. 스위스 기본소득 운동의 전망은 전혀 어둡지 않다. 몇몇 한국 언론들의 생각과는 다른 것이다.

스위스 기본소득 활동가들은 시민 10만 명의 서명을 받아 안건을 상정함으로써 국민투표를 성사시켰다. 국민투표는 기본소득을 국민에게 알리고 지지자를 조직해내는 매우 효과적인 방법이라는 게 확인되었다. 한국에서는 국민이 국민투표를 직접 발의할 수 없지만 지방자치단체 차원에서 주민투표를 청구할 수는 있다. 주민투표는 지역 유권자 5%의 서명을 받으면 성사된다. 체 바그너는, 가능하다면 나라마다 국민투표나 주민투표를 최대한 활용해보라고 지구네트워크 대회 참가자들에게 조언했다.

"이번 투표로 기본소득 운동에 큰 영감과 도약의 계기를 준 것에 대해 스위스 기본소득 활동가들에게 감사의 박수를 보냅니다!" 사회자의 제안으로 지구네트워크 대회 참가자들은 바그너에게 큰 박수를 보냈다.

기본소득 아이디어는
어디에서 왔을까

국가나 정치공동체가 그 구성원에게 조건 없이 지급하는 일정한 생활비. 기본소득basic income의 일반적인 정의다. 기본소득을 규정하는 원칙으로 크게 세 가지를 든다.

첫째, 개인에게 준다. 가구 단위로 지급하지 않는다. 따라서 미성년자도 지급받는다. 둘째, 자격심사 없이 누구에게나 준다. 즉 여타 소득이 있는지, 집이나 차량 등 자산을 갖고 있는지 따지지 않는다. 그러므로 빈자든 부자든 상관없이 지급한다. 셋째, 조건이나 의무를 요구하지 않는다. 기본소득을 받는 대가로 일을 해야 하거나 구직 의사를 주기적으로 확인시켜줄 필요가 없다.

개별적이고, 보편적이며, 의무를 요구하지 않는다. 여기에 제16차 기본소득 지구네트워크 대회에서는 기본소득이 정기적으로, 현금 형태로 지급되어야 한다는 원칙을 더했다. 일시적으로만 주거나 한꺼번에 목돈을 주는 것, 그리고 개인이 사용 방식을 결정할 수 없는 현물 형태(예를 들어 식량)나 특정 상품으로만 바꿀 수 있는 교환권으로 주는 것은 기본소득의 취지에 어긋난다.

나아가 기본소득 액수가 '충분해야' 한다고 주장하는 기본소득 지지자들도 있다. 기본소득을 받으면 생계를 유지하기 위한 노동에서 자유로울 수 있어야 한다는 이야기다. 물론 어느 정도가 충분한 액수인지, 처음부터 충분히 높은 수준으로 지급할지, 아니면 낮은 수준에서 시작해 차차 액수를 올려갈지는 나라마다 판단이 조금씩 다를 것이다.

최근 들어 기본소득이 주목받고 있다지만, 이 아이디어는 갑자기 등장한 것이 아니다. 기본소득의 배경에는 인간은 어떠한 경우에도 생존에 필요한 최소한의 소득을 보장받아야 한다는 사상이 깔려 있다. '생존에 필요한 최소소득 보장', 이 아이디어는 인류 역사를 통해 줄기차게 발견된다.

『성서』의「창세기」를 보자. 신이 만든 최초의 인간인 아담과 이브는 에덴동산에 살다가 신의 노여움을 사서 쫓겨난다. 기독교에서는 이를 '원죄'라고 부른다. 원죄를 지었기에 인간은 고통스런 노동의 삶을 살기 시작했다고 한다. 하지만 성서학자들은 원죄 이전에 '원복原福'이 있었다는 점을 강조한다. 신은 아담과 이브를 무료로 에덴동산에 살게 했다. 그들은 한 푼도 내지 않고 에덴동산에서 마음껏 먹고 마시며 즐긴다. 신은 사디스트가 아니다. 고통을 주려고 인간을 만들지 않았다. 에덴동산은 완벽한 복지사회의 모습을 보여준다. 아담과 이브는 생계 걱정을 하지 않고 그곳에서 삶을 즐긴다. 신이 인간에게 바라는 단 한 가지 일은 신이 만든 다른 여러 동식물과 자연을 잘 돌보는 것이다.[4]

중국의 맹자는 사람이 '항산恒産'이 있어야 '항심恒心'을 지니는 법이라고 했다. 항산은 일정한 소득을 말하고, 항심은 공동체의 질서를 존중하는 마음을 뜻한다. 그 시대에 소득은 곧 토지에서 나오는 소출이었으며, 토지 없는 백성은 유랑민이나 산적이 되고는 했다. 그래서 맹자는 정전제井田制를 실시하라고 나라에 촉구했다. 우물 정井자 모양으로 토지를 아홉 부분으로 나누어 가운데 토지는 공공재로 쓰고 나머지는 농민에게 무상분배하라는 뜻이었다. 농민의 소득을 안정시켜야 그들이 올바른 마음을 갖게 되고 나라도 평온해지기 때문이다.

2016년에 출간 500주년을 맞은 고전, 영국의 대법관 토머스

모어가 쓴 『유토피아』에는 모두가 하루 6시간만 일하고 공동 식사를 제공받으며 원하는 것은 마을의 시장에서 무엇이든 자유롭게 가져오는 사회가 등장한다. 기본소득이 실현된 사회다. 『유토피아』에서 모어는, 다른 생계유지 방법이 없어 사람들이 음식을 도둑질하는 것이라면 도둑을 교수형에 처하기보다 모두에게 약간씩 생계수단을 제공하는 게 나은 방법이라고 했다.

현대적 의미의 기본소득에 가까운 아이디어는 프랑스의 유토피아 사상가 샤를 푸리에로부터 나왔다. 1829년, 푸리에는 '팔랑스테르Phalanstère'라는 이름의 공동체 조직을 제안하는 책을 펴냈다.[5] 이 공동체는 거기 속한 남녀노소 모두에게 배당금을 준다. 배당금은 공동체가 공유한 부로부터 나온다. 배당금에 더해 하루 세 끼 식사와 호텔급 숙소도 제공된다. 푸리에는 대가 없이 소득을 줄 경우 사람들이 일을 아예 하지 않을 가능성도 염두에 두었다. 그는 사람들이 팔랑스테르에서의 생활에 만족하더라도 사회 유지에 필요한 노동은 계속하게끔 만드는 방법을 고민했다. 푸리에의 해결책은 각자가 지닌 서로 다른 열정에 맞는 노동을 찾아주는 것이다. 예를 들어 승부욕이 강하고 운동신경이 좋은 사람은 스포츠 선수가 되도록 해주는 식이다.

자유주의 사상가 존 스튜어트 밀은, 다수가 한 사람을 침묵시키는 일은 한 사람이 다수를 침묵시키는 일만큼 부당하다는 점을 자유의 원칙으로 강조한 사람이다. 그런데 그는 "생산물을 분배할 때 그 일부는 노동을 할 수 있건 없건 간에 공동체 모든 구성원의 생계를 유지하기 위해 먼저 할당해야 한다"라는 주장도 했다. 한편 자유주의의 대척점에 있는 공산주의 사상가 카를 마르크스도 그 점에서는 밀과 같은 결론에 이르렀다. 마르크스는 "능력에 따라 노동하고, 필요에 따라 나눠 가지자"를 공산주의 사회의 원리로 제시했다. 마르크스에 의하면, 이 원리를 따르는 사회에서는 삶의 물질적 조건이 해결돼 누구든 한 가지 분야의 직업에 매달릴 필요가 없고 하고 싶은 일을 자유로이 하게 된다. 마르크스가 묘사하기를, 그 사회에서는 "아침에는 사냥하고 오후에는 낚시를 하며, 저녁에는 소를 먹이고 밤에는 시를 비평하되, 사냥꾼도 어부도 목동도 비평가도 (전업적으로―인용자) 될 필요가 없다".

20세기에 들어서면서 기본소득 아이디어는 보다 광범위한 사상가들에게서 지지받았다. 철학자 버트런드 러셀에서 경제학자 제임스 미드까지, 생태사회주의자 앙드레 고르에서 신자유주의의 이론적 대부인 경제학자 프리드리히 하이에크에 이르기까지, 자유시장을 예찬하며 복지제도를 단순화하고자 했던 밀턴 프리드먼으로부터 시장에 대한 정부의 개입을 옹호한 제임스 토빈까지(프리드먼과 토빈 모두 노벨경제학상을 받았다) 분야와 이념을 뛰어넘어 다양한 인물들이 최소소득 또는 기본소득이라는 아이디어를 지지했다. 지향하는 사회의 모습이 어떠하든지, 적어도 출발점에서 필요한 최소한의 소득은 보장되어야 한다는 데 동의가 이루어진 것이다.

때를 만난 아이디어를
막을 순 없다

20세기에는 기본소득 아이디어를 실제
제도로 구현하려는 시도가 벌어졌다. 최초의 진지한 논의는 제
1차 세계대전 직후인 1920년대 영국에서였다. 영국 노동당 당원
인 데니스 밀너Dennis Milner와 그의 아내 마벨Mabel Milner은, 국가상
여금state bonus 제도를 노동당 당대회에서 제안했다. 전쟁을 수행
하고 난 국민들이 빈곤에 시달리니, 국가가 모든 시민에게 정기
적으로 보너스를 지급하게 하자는 내용이었다. 이 제안은 노동
당에 받아들여지지 않았으나, 바통을 이어받은 경제학자 조지
콜George D. H. Cole과 제임스 미드는 이후 사회배당금social dividend 제
도를 구상해 주장했다. 사회배당금은 기본소득의 다른 표현이
다. 하지만 이 주장이 어떤 나라에서도 진지하게 검토되지 못한
채 대공황이 덮쳤다. 실업과 궁핍에 지친 시민들은 파시즘의 선
동에 넘어갔고, 세상은 2차 세계대전이라는 또 한 번의 참화를
경험했다.

기본소득 논의가 다시 시작된 것은 1960년대 말 미국에서다.
1960년대는 불평등과 반인권에 맞선 저항이 화산처럼 터져 나
오던 시기다. 마틴 루터 킹 목사는 흑인의 선거권 보장을 위한 싸
움에서 한 걸음 더 나아가 사회구조적 빈곤과 싸우는 행동을 조
직했다. 그는 누구나 빈곤선貧困線, poverty threshold 이상의 삶을 누릴
권리가 있다면서 정부가 시민에게 보장소득guaranteed income을 제

공해야 한다고 촉구했다. 킹 목사는 이렇게 말했다. "부정의하고 사악한 베트남전쟁을 수행하는 데 350억 달러를 쓰는 나라라면, 사람을 달에 보내는 일에 200억 달러를 쓸 수 있는 나라라면, 하느님의 자녀들이 이 땅에 자기 발로 설 수 있도록 만드는 데도 수백억 달러를 충분히 쓸 수 있을 것입니다."[6]

킹 목사는 '가난한 사람들의 행진'을 준비하다가 1968년 4월 4일 백인 극우주의자에게 암살당했다. 그러자 지식인들이 킹 목사의 뜻을 이었다. 그해 경제학자 존 케네스 갤브레이스, 헤럴드 왓츠, 제임스 토빈, 폴 사무엘슨, 로버트 램프먼은 『뉴욕 타임스』지면을 이용해 정부에게 공개서한을 보냈다. "공식적인 빈곤선보다 높은 소득을 국민 모두에게 확보해줄 때까지 국가는 자신의 책임을 다했다고 할 수 없습니다." 이 서한에 1200명의 학자들이 연서했다. 이 서한은 정치권에 바람을 불러일으켰고, 1972년 민주당 대통령 후보 지명전에 뛰어든 상원의원 조지 맥거번은 제임스 토빈의 제안을 받아들여 1인당 1000달러의 '시민보조금demogrant' 공약을 채택하려고 했다. 그러나 막상 확정된 대선공약 목록에서 시민보조금은 빠지고 말았다. 사람들에게 공짜로 돈을 주면 근로 의욕이 떨어지리라는 비판이 부담스러웠던 것이다.

대선에서 조지 맥거번을 꺾고 승리한 이는 당시 현직 대통령이던 리처드 닉슨이었다. 닉슨 역시 이전부터 기본소득의 필요성에 공감하고 있었다. 1969년 그는 TV에 출연해 국민들에게,

오래지 않아 미국은 사람을 달에 보내고 (그해 아폴로 11호가 달에 착륙했다) 빈곤을 끝장낼 것이라고 장담했다. 닉슨은 빈곤선 이상의 소득을 모든 가구에 보장하는 가족부조계획family assistance plan 법안을 의회에 제출했다. 이 법안이 통과되면 빈곤층을 포함한 미국인 1300만 명이 현금을 지원받을 예정이었다. 1970년에 이 법안은 하원에서 찬성 243, 반대 155로 통과되었다. 그러나 상원에서 부결되었고, 닉슨은 1971년에 수정법안을 다시 제출했다. 이번에도 하원에서는 찬성 288, 반대 132로 동의를 받았지만 상원은 이를 재차 부결시켰다. 이로써 기본소득 논의는 다시 물밑으로 내려갔다. 최초의 기본소득 보장 국가가 될 수 있었던 미국은, 10여 년 뒤 거꾸로 본격적인 신자유주의의 길을 걷게 된다.

1980년대 들어 유럽의 신좌파와 녹색운동가들은 산업 자동화로 인해 더 이상 '완전고용'이 불가능해진 현실에 주목했다. 그들은 노동에 절대적인 가치를 부여하고 숭배하는 노동윤리를 비판했다. 그리고 노동하든 않든 간에 시민의 권리로서 조건 없는 기본소득이 제공되어야 한다고 주장했다.

유럽의 기본소득 지지자들은 1986년 벨기에 루뱅에서 기본소득 유럽네트워크를 결성했다. 결성의 주역인 필리프 판 파레이스Philippe Van Parijs와 판 더 벤Van Der Veen은 공동으로 논문을 썼고, 이 논문은 기본소득의 현대적 이론체계를 세우는 데 중요한 역할을 했다. 논문의 내용은 대략 이러하다. 기본소득을 도입하면 사람들은 보다 인간적인 환경에서 자발적으로 자기가 원하는 노동을 하게 된다. 그 결과 노동생산성이 증가하며, 이에 따라 사회 전체의 부가 커지고 국가의 세금 수입도 늘어난다. 세수가 늘면 기본소득 보장을 확대하고 노동시간을 더 줄일 수 있다. 이러한 선순환의 과정을 거치면서 '필요에 따른 분배'를 원칙으로 하는 지속가능한 사회로 나아가게 된다.[7]

기본소득 유럽네트워크는 2004년에 기본소득 지구네트워크로 확대되었다. 2008~2009년 나미비아, 2011~2013년 인도에서 빈곤층 거주 지역에 기본소득을 지급하는 실험이 진행되었고, 실험 결과는 긍정적이었다. 이는 다시 기본소득 운동을 고무했다. 2015년 12월에는 핀란드 정부가 최초로 국가 차원에서 기본소득 지급 실험을 실시한다는 계획을 발표해 세계를 깜짝 놀라게 했다.

세계적으로 주목을 받은 핀란드의 실험에서는 2017~2018년 2년간 실업 상태의 시민 2000명을 대상으로 매달 약 560유로(약 70만 원)를 지급했다. 주요 목적은, 기본소득 지급이 노동 의욕과 공동체 참여에 어떤 영향을 미치는지, 그리고 기본소득이 기존 복지 시스템보다 효과가 나은지 확인하는 것이었다. 결과는 어땠을까?

실험 대상자들이 다른 이들보다 더 열심히 일하거나 더 적게 일하지는 않았다. 하지만 스트레스가 더 적었고, 더 많은 행복감을 느꼈다. 우울증을 덜 경험했고, 인지능력도 더 좋았다. 또한 타인과 사회기관들을 신뢰한다는 응답을 더 많이 했다.

이 외에도 여러 기본소득 실험들이 시행되었거나 시행을 준비 중이다. 네덜란드 위트레흐트에서는 2017년 1월부터 2년 동안 시민들을 여러 그룹으로 나누어 1인당 월 970유로(약 120만 원)를 지급했다. 미국에서는 벤처 투자회사 와이컴비네이터의 샘 알트먼Sam Altman 회장이 주도하는 민간 차원의 기본소득 실험이 시작되었다. 먼저 2016년 캘리포니아주 오클랜드에서 100가구를 무작위로 뽑아 매달 약 2000달러(220만 원)의 기본소득을 1년간 지급한 바 있으며, 규모를 확대해 1000여 명에게 3년간 매달 1000달러(110만 원)를 주는 실험을 설계하고 있다. 실험의 목적은 이 돈이 가정 경제와 주민의 행복에 어떤 변화를 만드는지 살피는 데 있다. 케냐에서도 민간 자선단체가 주도하는 '10년 장기 기본소득 지급 프로젝트'가 진행중이다. 점점 더 많은 기본소득 프로젝트들이 봇물 터지듯 등장하고 있다.

『레미제라블』을 쓴 대문호 빅토르 위고는 "그 어떤 힘으로도 자신의 때를 만난 아이디어를 막을 수는 없다"고 말한 바 있다. 지금이 바로 그때다. 사람들에게 최소한의 소득을 보장해줘야 한다는 아이디어는 역사상 어느 시기에도 마르지 않고 사회 저변에 흘렀다. 그리고 마침내 때를 만나 땅 위에 솟고 있다.

한국에서는 10여 년 전부터 소수의 활동가와 이론가가 기본소득을 주장했지만 돌아오는 것은 무시와 냉소였다. 그러나 전세계에서 일기 시작한 기본소득 바람은 한국에도 어김없이 불어닥쳤다.

전세계 각국에서 시행됐거나 현재 진행중인 기본소득 프로젝트. 기본소득 제도는 더 이상 머릿속에서만 존재하는 낭만적인 아이디어가 아니다. 찬성하든 반대하든 진지하게 따져보고 논의해야 할 현실의 대안이다.

그 결과 한국에서도 일종의 기본소득 실험이 실시되었다. 2016년 1월, 성남시는 기본소득의 일종인 청년배당을 시작했고, 청년은 물론 지역 상인에게도 큰 지지를 받았다. 한 청년이 "청년배당으로 3년 만에 과일을 사 먹어 보았어요"라고 인터뷰한 사연은 여러 사람의 가슴에 와 닿았다.[8] 청년배당을 받은 이들을 대상으로 한 설문조사에서, 기본소득을 모든 국민에게 적용하는 것에 공감하느냐는 질문에 81%의 응답자가 공감한다고 답했다.[9] 이에 이 정책은 경기도로 확대되어 2019년 4월부터 만 24세 청년들에게 연 100만 원씩 지급하고 있다.

특히 2020년 코로나 팬데믹 사태를 맞이한 이후에는 보수와 진보를 막론하고, 기본소득에 대한 공감대가 빠르게 확산되고 있다. 여러 유력 정치인들이 기본소득을 지지하는가 하면, 성인 남녀 500명을 대상으로 한 설문조사에서도 48.2%가 기본소득을 찬성한다고 답했다.[10]

이제는 기본소득에 반대할 수는 있어도 이를 무시할 수는 없다는 사실이 분명해졌다.

기본소득, 어째서 절박해진 걸까

스위스 국민투표가 기본소득 운동에 로켓 엔진을 달았다면, 그 로켓의 연료는 무엇일까? 다시 말하면, 기본소득은 왜 최근에 와서 광범위한 사람들의 마음을 사로잡은 것일까? 판 파레이스는 기본소득 지구네트워크 대회 기조연설자로 나와 이렇게 질문했다. "어째서 오늘날 예전보다 더 절박하게 기본소득이 요청되는 것일까요?"

2016년 3월로 돌아가보자. 네이버에 '기본소득'이 갑자기 상위 검색어로 올라갔다. 구글 딥마인드가 개발한 인공지능 '알파고'와 프로 바둑기사 이세돌의 대결이 알파고의 압승으로 끝나고 나서다. '인공지능이 웹툰을 그리기 시작하면 나는 일자리를 잃겠지. 그러면 나는 인공지능이 그린 만화에 악플을 달 테다.' 어떤 웹툰 작가가 알파고 - 이세돌 시합을 본 후 자신의 트위터에 이런 내용의 글을 썼다. 웃자고 하는 소리지만 웃음이 안 나오는 상황이 이런 것일까? 진화하는 인공지능이 사람의 일자리를 빼앗으리라는 우려가 어제오늘 이야기는 아니다. 하지만 알파고의 압승은 인공지능의 진화가 상상을 초월하는 속도로 진행되고 있음을 보통 사람들도 느끼게 해주었다.

100년 전까지만 해도 '컴퓨터'는 기계가 아닌 사람을 의미했다. 단순 계산 업무의 종사자를 가리키는 용어로, 이들은 주로 여성이었다. 그러나 이후 사람을 가리키던 컴퓨터가 기계의 명칭으로 바뀌었고, 오늘날 컴퓨터는 인공지능으로 진화해 산업의 모든 영역에서 사람을 대체하는 중이다. 옥스퍼드대 연구자들은 앞으로 20년 내에 미국에서만 일자리 47%가, 유럽에서는 54%가 사라질 것이라고 내다본다.

대표적인 혁신 기술인 자율주행차를 예로 들어보자. 인공지능이 운전하는 자율자동차가 상용화되면 택시·버스·트럭 등의 운전으로 먹고사는 사람들은 일자리를 잃고, 운전 관련 직종인 주차 보조원이나 고속도로 톨게이트 직원이나 교통단속 경찰까지도 실직자가 된다. 그뿐만 아니라 자율주행차가 도입되면 자동차 생산 자체가 현저하게 줄어들 것이다. 지금 이 시각에도 차량의 대부분은 주차된 채 운전자를 기다리는데, 이론적으로 자율주행차는 지금 존재하는 차량의 10%만 있어도 수송량을 감당할

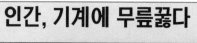

알파고-이세돌의 바둑 대국은 '기계가 범접할 수 없는 인간의 영역이 있다'는 오랜 통념을 충격적으로 무너뜨렸다. 인공지능의 일자리 대체가 전 인류, 전 영역에 걸쳐 눈앞의 현실로 다가온 것이다. (국민일보, 2016년 3월 10일)

수 있기 때문이다. 당연히 생산직 일자리도 크게 줄어든다.

이미 완전 자동화되어 노동자가 한 명도 없는 공장·광산·공항이 등장했다. 전통적으로 일자리 창출에 기여한 토건산업도 스리디3D프린팅 기술의 위협을 받게 된다. 3D프린터를 건축에 활용하면 집 한 채를 짓는 데 몇 시간이면 충분하기 때문이다.

육체노동을 넘어 정신노동 영역에도 인공지능과 로봇 기술은 빠르게 진출했다. 이미 컴퓨터가 주식시장이나 야구경기 관련

기사를 사람 대신 쓰고 있으며, 2020년까지 적어도 300만 명 이상이 '로봇 관리자' 밑에서 일하게 될 것이다. 작곡과 드라마 대본 쓰기 같은 예술 창작도 더 이상 인공지능이 범접할 수 없는 영역이 아니다. 학습된 음원 데이터를 바탕으로 적절한 패턴의 곡을 만들어내면서 표절까지 필터링하는 것이 가능하고, 수많은 기존의 대본 플롯을 모으고 분석하여 조합하기만 하면 흔히 보는 '막장 드라마'는 수백 편씩 만들어낼 것이다. 앞서 소개한 〈비정상회담〉 성시경의 농담은 농담이 아닌 게 된다.

인공지능과 로봇이 일자리를 대체하면 인간은 아무리 일하고 싶어도 일할 수가 없다. 일이 없다면 생활에 필요한 소득을 어디서 얻을 것인가? 시장경제가 유지되려면 사람들이 돈을 써 소비를 해야 한다. 대량 실업으로 대중이 구매력을 잃으면 시장경제를 어떻게 지탱할 것인가? 그러므로 모든 사람에게 기본소득을 줘서 소비를 할 수 있게 해야 한다는 방안이 설득력과 공감을 얻고 있는 것이다.

하지만 과거 산업혁명과 정보화혁명 시기에도 많은 일자리가 사라졌지만 그것을 벌충하고 남을 만큼 일자리가 새로 창출되지 않았던가? 실제로 20세기 초에 영국의 마부와 마차업자 100만 명이 일자리를 잃었지만, 자동차를 생산하고 운전하고 점검·수리하고 운전자에게 숙식 서비스를 제공하는 산업이 생겨나 실업자를 흡수했다. 이렇듯 어쩌면 인공지능과 로봇은 낡은 직무와 직종을 없애겠지만 더 많은 새 일자리를 만들어낼지도 모른다.

『이코노미스트』는 이렇게 말한다. "미래에 실업이 만연할 거라는 주장은 불확실한 반면 기본소득에 막대한 비용이 든다는 사실은 확실하다."[11] 그렇다면 우리가 느끼는 불안은 과장된 것이 아닐까?

실업과 불평등이
기본소득을 부른다

과거와 지금은 상황이 전혀 다르다. 과거에 실업이 새로운 고용으로 커버될 수 있던 것은 경제가 폭발적으로 성장했기 때문이다. 경제의 성장 속도가 기술 발전으로 실업자가 생겨나는 속도보다 빨랐다. 그래서 18세기 면직기 도입으로 몰락한 수공업자들은 면직물 대공장 노동자로 흡수되었고, 20세기 중반 자동화에 밀려난 퇴직자들은 유통 시장에서 자영업자로 변신할 수 있었다. 그러나 오늘날에는 기술 진보의 맷돌에 갈려 사라지는 일자리보다 새로 생기는 일자리가 더 많을 수 없다.

왜냐하면 더 이상 예전 같은 경제성장을 기대할 수가 없기 때문이다. 세계 경제는 이미 '제로 성장'의 국면으로 들어섰다. 2008년 금융위기 이후 미국·유럽·일본·중국 정부는 양적완화量的緩和, Quantitative Easing라는 방식으로 돈을 풀어 은행과 기업에 공급했다. 이 정책은 돈을 시장에 살포하듯 마구 뿌린다고 해서

'헬리콥터 머니'라고도 불렸다. 미국이 약 4000조 원, 유럽연합이 1500조 원 규모의 양적완화로 경기를 부양시켜보려 했지만, 지금까지도 미국과 유럽의 성장률은 바닥을 기고 있다. IT·부동산·파생금융상품·셰일가스 그 무엇으로도 과거의 기적적인 경제성장을 되풀이할 수 없다는 것이 드러났다.

낮은 수준에서나마 경제는 계속 성장하지 않느냐고 할 수도 있다. 그 말대로 지난 20년간 경제가 아예 성장하지 않은 건 아니다. 그러나 그 성장은 고용 없는 성장, 더 정확히 말하면 고용을 없애는 성장이었다. 중간 정도의 숙련이 요구되며 중위소득 (모든 가구를 소득 순으로 순위를 매겼을 때 가운데 자리한 가구의 소득) 수준을 보장하는 일자리가 빠르게 증발했고, 이 업무들은 저임금 비정규직으로 속속 대체되었다. 고용구조는 소수 엘리트가 고급 전문직 일자리를 차지하고, 대다수는 저소득 불안정 일자리를 전전하는 형태로 양극화했다. 실업 상태와 비정규직·파트타이머 취업을 오가는 이들을 가리키는 말인 프레카리아트precariat('불안정한precarious'과 '노동계급proletariat'의 합성어)가 이제는 낯설지 않은 용어로 자리 잡았다.

숫자를 보자. 1965~2011년에 미국 4대 기업의 기업 가치는 2배로 증가했다. 하지만 4대 기업이 고용한 인원은 1965년에 약 43만 명에서 2011년에는 그 4분의 1로 줄었다. 1980년대에 필름 회사 코닥은 14만5000여 명을 고용했다. 아이러니하게도, 코닥이 만든 디지털 카메라가 시장에서 코닥의 아날로그 필름을 몰아냈다. 결국 코닥은 2012년에 파산했다. 한편 페이스북에 10억 달러에 팔린 온라인 사진공유 서비스기업 인스타그램의 운영자 수는 13명에 불과했다.[12]

한국에서 1990년에서 2010년 사이, 제조업의 취업유발계수 (10억 원의 가치를 생산할 때 고용되는 인원을 나타내는 지수)는 절반으로 뚝 떨어졌다. 세계적인 경영컨설팅 회사인 보스턴컨설팅그룹은 2015년에 발표한 보고서에서 산업용 로봇에 의해 일자리를 가장 많이 대체당할 나라 1위(OECD 18개국 중)로 한국을 꼽았다. 한국의 제조업 비중이 높아서다. 생산성의 저주다. 경제가 더 생산적일수록 노동자의 일자리가 위태로워지는 것이다.

아버지의 벌이만으로 온 가족이 오순도순 살며 내 집 마련의 꿈도 꾸고 자녀의 대학 뒷바라지까지 전부 감당하던 시대가 있었다. 열심히 일해서 시골에서 서울로, 변두리에서 도심으로 차츰 집을 옮겨가며 뿌듯해하던 시대였다. 이제 그런 시대는 사라졌다. 이른바 남성 생계부양자 모델의 시대가 끝난 것이다. 지금은 온 가족이 일해도 있는 제자리를 지키는 것조차 힘들다. 누구도 한 직장에서 정년까지 일한다거나, 안정된 중산층의 삶을 유지하는 노후를 기대할 수 없다. 생활수준을 그저 전처럼 유지하려고만 해도 전보다 훨씬 길게 노동해야 한다.

기술 혁신이 일자리를 없애게 되는 이유는 무엇일까? 마르크스는 자본주의에서 기술 발전이 어째서 실업자의 수보다 많은 일자리를 만들 수 없는지 분석했다. 예를 들어 A공장에서 10명이 일하는데, 그 중 5명의 노동을 대신할 수 있는 기계를 B공장에서 개발했다고 하자.(편의상 A공장과 B공장 노동자의 임금은 같다고 가정한다.) A공장 경영자는 그 기계를 도입하면서 원래 있던 노동자 5명을 해고했다. 이때 만약 B공장에서 그 기계를 생산하는 데 5명의 직원이 필요하다면, A공장의 실업은 B공장의 취업으로 상쇄될 수 있다.

하지만 그런 일은 일어나지 않는다. A공장 경영자는 당연히 기계의 가격이 직원 5명의 인건비보다 쌀 때만 기계를 구입한다. 사람을 쓰는 것에 비해 기계를 도입하는 비용이 같거나 더 든다면 굳이 기계를 도입할 이유가 없다. 기계 가격이 4명을 고용했을 때의 인건비와 같다면 A공장 경영자가 기계를 도입한다고 하자. 이 경우 B공장이 A공장에 기계를 판매해 수익을 얻으려면, 기계 제작에 필요한 노동자는 4명보다 적어야 한다. 결국 A공장에서 잘린 5명 중 적어도 2명은 B공장에 고용될 수 없다.

노동자의 집단적 협상력이 줄어드는 것도 일자리를 유지하지 못하게 만드는 이유다. 정보기술이 발달하고 제조업에서 서비스업으로 산업 구조가 바뀌면서 노동자의 작업 방식은 크게 달라졌다. 노동자는 더 이상 한 회사에 고용돼 고정된 장소에 모여 일하지 않는다. 노동자는 대기 상태에 있다가 '콜'이 오면 일하고 작업이 끝나면 뿔뿔이 흩어진다. 생산물이 지식 서비스일 경우에는 작업 의뢰인과 인터넷으로 소통하면 그만이고 얼굴을 마주볼 필요도 없다. 작업은 갈수록 연속성 없는 프로젝트 형태로만 진행된다. 자본은 노무 비용을 줄여 더 많은 이윤을 얻지만, 노동자의 처지는 갈수록 불안정해지고 임금도 따라서 하락한다. 노동자들은 모래 알갱이처럼 흩어져 있으므로 힘을 모으기 어렵다. 자본과 일 대 일로 상대하면서 노동자의 일자리는 더욱 위태로워진다.

이러한 일들이 누적된 결과, 우리는 역사상 유례없는 불평등과 마주하고 있다. 세계에서 가장 부유한 사람 62명의 부를 합치면 하위 50%에 해당하는 35억 명이 가진 재산보다 크다. 세계에서 소득 상위 10% 인구가 하는 소비가 전세계 소비의 72%를 차지하는 반면, 하위 10% 인구가 소비하는 비중은 1%에 불과하다. 한국도 마찬가지라서 동국대 경제학과 김낙년 교수에 따르면, 한국인 상위 10%가 전체 자산의 66%를 소유하고, 하위 50%는 단지 2%만을 소유한다.

영화 〈엘리시움〉(2013)이 그리는 미래에, 부자들은 쾌적하고 아늑한 우주 거주지에 살고 빈민들은 황폐해진 지구에서 부족한 음식과 의약품을 두고 아귀다툼을 벌인다. 만약 불평등이 현 추세대로 계속 커진다면 인류는 이 영화와 별반 차이 없는 현실을 보게 될지도 모른다. 경제학자 토마 피케티가 『21세기 자본』에서 진단한 것처럼, 노동에서 비롯돼 대중에게 분배되는 부는 줄고 자본에서 비롯돼 소수에게 집중되는 부는 점점 커진다. 피케티에 따르면 현대사회는 사실상 세습신분제 시대로 후퇴하고 있다. 불평등이 계속 확대된다면 자본주의 시장경제가 붕괴될 수 있다는 데 진보와 보수를 막론하고 많은 경제학자들이 동의하고 있다.

불평등한 사회라 하더라도, 상층계급 사회는 내가 속한 세계와 전혀 다른 세계이며 도저히 다가갈 수 없는 세계라 여기고 아예 눈을 돌려버린다면 그런 대로 견딜 만할지 모른다. 조선시대의 평민들이 신분제도에 특별히 저항하지 않고 자기들의 공동체 안에서 상호부조를 실천하고 희로애락을 나누며 살았듯이 말이다. 오늘날 '힐링'을 이야기하는 수많은 멘토들이 강조하는 바도 이와 크게 다르지 않다. 그들은, 어차피 다다를 수 없는 곳을 목표로 하지 말고 자신이 있는 곳에 만족함으로써 행복을 찾으라고 말한다.

그러나 지금의 불평등 구조는 그런 말랑말랑한 위안조차 빼앗는다. 불평등한 사회는 한때 '20 : 80의 사회'라고 일컬어졌지만, 사회학자 유승호는 20 : 80의 사회는 지나간 지 오래라고 한다. 지금 사회는 20 : 70 : 10의 구조로 변했다. 이 구조를 작동시키는 열쇠는 하위 10%다. 주기적으로 하위 10%가 나락에 떨어지고, 남은 이들 중에 하위 10%가 다시 생겨나 또 추락한다. 이 일이 되풀이되면 모두 자기가 다음에 떨어질까 봐 두려움에 휩싸인다. 이 구조에서 1등과 2등은 지위를 유지하기 위해 경쟁하고, 3~6등은 1~2등에 낄 수 있다는 환상으로 질주하며, 7~9등은 10등으로 떨어지지 않으려고 몸부림친다. "10은 나락으로 떨어져 어딘가로 사라진다. 모든 것이 나의 노력 탓이라는 신조가 널리 퍼지고 서열 이탈자 없이 1부터 10까지 모두를 동조자로 만든다. 신자유주의의 대성공이다."[13]

　이 구조에서 누가 행복할까? 지위가 향상될 희망은 없다. 하지만 거기서 더 떨어지면 사회에서 아예 배제될 것이기에 울며 겨자 먹기로 경쟁에 매달린다. 러시안룰렛과 같다. 잘해도 아무 보상이 없고, 자칫하면 총알이 머리에 박힌다. 이 상황에서 탈출하려면 어떻게 해야 하나? 안타깝게도 많은 사람이 극단적인 방법을 택한다. 한국은 OECD 국가 가운데 자살률이 가장 높다. 매년 인구 10만 명당 29명이 자살한다. 한국 다음으로 자살률이 높은 헝가리나 일본이 10만 명당 19명 정도다. 노인층의 자살률은 OECD 평균의 4배다.[14]

　아인슈타인은 똑같은 행동을 반복하면서 다른 결과가 나오기를 기대하는 것은 미친 짓이라고 말한 바 있다. 과거와 같은 경제성장이 불가능하다는 사실을 확인했다면 더 이상 경제성장을 통한 일자리 창출에 매달려 있어서는 안 된다. 새로운 방법을 찾아야 한다. 그래서 사람들이 기본소득 도입을 절박하게 요청하는 것이다. 심각한 불평등을 해소하고, 대량 실업의 위협으로부터 인간의 삶을 보호하며, 기술 진보에 벌벌 떠는 대신 그것을 인류에 봉사하는 수단으로 삼으려면 그 어느 때보다 기본소득이 절실하다.

새로운 산업혁명의
충격을 이겨내려면

1812년 4월 2일 영국 맨체스터에서 가까운 허더스필드 들판에 100여 명의 남자들이 손에 망치·도끼·몽둥이·총을 들고 모였다. 그들의 리더는 젊은 방적공 조지 멜러였다. 권총을 뽑아 든 멜러는 무리를 이끌고 러폴드 방적공장으로 쳐들어갔다. 이 공장은 당시 윌리엄 카트라이트가 발명한 자동 방적기를 도입했다. 자동 방적기 한 대는 노동자 네 명분의 일을 할 수 있었는데, 그보다 중요한 것은 오랜 훈련을 거친 숙련 방적공이 없어도 방적 작업을 할 수 있다는 점이었다. 조지 멜러가 이끄는 무리의 목표는 이 증오스런 방적기의 파괴였다. 봉기자들은 스스로 '요크셔 러다이트luddite'라고 불렀다. 러다이트는 1779년에 방적기 파괴 봉기를 일으킨 네드 러드Ned Ludd의 이름을 딴 명칭으로 '기계파괴자'를 의미한다.

그러나 공장주는 봉기가 일어나리라는 정보를 입수하고 미리 군인들에게 경비를 요청했다. 봉기대는 군인들과 총격전을 벌였지만 역부족으로 봉기자 2명이 사망했고 멜러와 다른 이들은 핏자국을 여기저기 뿌린 채 도주했다. 그 뒤 윌리엄 호스폴이라는 또 다른 공장주가 러다이트 무리를 피로 응징하겠다며 마을을 뒤지고 다녔다. 멜러와 동료들은 매복하고 있다가 호스폴을 꾀어 총으로 쏴 죽였다.

몇 달 동안 요크셔 일대에서는 내전이나 다름없는 싸움이 벌어졌다. 치안판사 조지프 래드클리프는 집요하게 러다이트 '폭도'를 추적했다. 치안판사는 멜러의 동료 한 사람에게 사면과 보상을 약속하여 멜러가 있는 곳을 밀고하도록 만들었다. 결국 멜러와 다른 봉기 주도자들은 붙잡혀 교수형에 처해졌다. 이 봉기는 이른바 '러다이트 운동'을 대표하는 사건이었다.[15] 러다이트 운동은 18세기 말부터 여러 차례의 봉기로 이어졌다. 러폴드 공장 습격 사건이 있기 한 해 전인 1811년이 최고조였는데, 이 해에만 100여 명이 교수형을 당했다.

오늘날에는 종종 러다이트 운동을 근대식 기계 도입에 저항하는 시대착오적 운동이었다고 폄훼하곤 한다. 하지만 당시의 숙련공들에게 기계 도입 반대는 처절한 생존권 투쟁이었다. 그들이 살았던 시대는 공업의 규모가 제한되어 있었고 숙련된 기술자로 독립하려면 기나긴 도제 시절을 거쳐야 했다. 그런데 기계가 도입됨으로써 숙련공들이 평생을 바쳐 얻은 일자리가 하루아침에 날아간 것이다. 그들에게는 노동조합도, 대변해줄 정당도 없었기에 택할 수 있는 최후의 방법은 힘에 의지하는 봉기뿐이었다.

오늘날 우리는 러다이트 운동을 지나간 에피소드처럼 이야기할 수 있다. 그것은 인류가 그 시대를 통과하기 위해 엄청나게 노력한 덕분이다. 18세기에서 19세기까지 지나간 산업혁명 과정에서, 신기술이 등장할 때마다 기존 산업의 종사자들은 죽기 살기로 저항했다. 그 저항들 하나 하나가 자칫 사회 전체의 붕괴로

이어질 수도 있었다. 하지만 붕괴 대신 사회 진보가 이루어질 수 있었던 이유는 당시의 나라들이 적절한 해결책을 찾았기 때문이다. 뇌과학자 김대식 박사에 의하면 그 해결책들은 프랑스에서 시작된 공교육, 독일에서 만들어진 사회보장제도, 영국의 세금 제도 등이다.[16]

공장에서 지시에 따라 일을 하려면 최소한 글을 읽고 간단한 계산을 할 줄 알아야 했다. 또한 국가가 국민을 잘 통제하고 관리하기 위해서는 국민들이 자기 나라 역사나 기초 윤리를 알아야 했다. 모든 국민을 교육시킨다는 것은 당시로는 "어마어마하게 혁신적인 아이디어"였다. 하지만 프랑스에서 시작한 공교육의 결과 사회 전체의 인지능력이 발달했고 재능 있는 하층민이 사회 고위직에 진출하기도 하면서 대중은 사회 변화에 적응해갔다.

사회보장제도는 19세기 말 독일 정부가 정치세력화한 노동자들의 요구를 적당한 수준에서 수용해 혁명으로 번지지 않게 하고자 찾아낸 타협책이었다. 철저한 보수우파 정치가였던 비스마르크는 "국가가 무산계급에게도 필요한 존재라는 인상을 심어주는 것이 국가를 유지하는 길"이라 여겨 최초의 건강보험·산재보험·노인연금을 도입했다. 영국은 나폴레옹과 벌인 전쟁 비용을 해결하기 위해 최초의 누진 소득세 제도를 도입했다. 또한 정부는 전쟁에서 직접 총을 드는 가난한 시민들을 달래기 위해 부자로부터 세금을 더 걷어 빈자의 처지 개선에 써야만 했다.

이처럼 과거 산업화 과정의 충격을, 인류는 복지국가의 제도화라는 장대를 이용해 넘어섰다. 기존 산업 종사자들의 피해를 보상하기 위해, 기술 발전에서 오는 혜택을 사회 전체에 퍼뜨리는 제도를 마련한 것이다. 이제 우리는 로봇과 인공지능이 이끄는 새로운 산업혁명(4차 산업혁명이라고 불린다) 앞에 섰다. 이 충격을 어떻게 넘어설 것인가? 만약 사회적 대응이 제대로 준비되지 못한다면 또 다른 형태의 '러다이트 봉기'가 일어나지 않는다고 장담할 수 없다. 반대로 혁신적인 대응 방식을 찾아내 기술 발전이 주는 충격을 흡수한다면 인류는 다시금 비약적인 진보를 경험하게 될 것이다.

어른들은 인공지능의 이미지를 영화 〈터미네이터〉 시리즈에 나오는 '스카이넷'과 같은, 인류를 절멸하려 덤벼드는 무서운 기계 군단으로 상상하곤 한다. 하지만 아이들은 다르다. 아이들은 어른들과 달리 인공지능에 꽤나 우호적이다. 얼마 전 서울의 초중고생들에게 "인공지능 선생님이 인간 선생님을 대신해도 되느냐?"라는 설문조사를 했다. 학생들 40.2%가 "가능하다"라고 대답했다. 초등학생 가운데는 절반(50.2%)이 괜찮다는 입장이었다. 아이들은 인공지능 선생님의 좋은 점으로 '학생들을 차별하지 않고 공정하게 대해줄 것이다, 기억력이 뛰어나고 정보를 정확히 알려줄 것이다, 공사 구분이 확실할 것이다' 그리고 '오류가 나면 수업을 빼먹을 수 있다' 등을 들었다.[17]

독일은 난민 자녀들에게 독일어를 가르쳐 독일 사회에 적응하게 하는 일에 고심하는데, 아이들이 낯선 환경에서 낯선 사람에게 경계심을 가지다 보니 쉽지가 않다. 빌레펠트대학 연구소는 이 아이들에게 독일어를 가르치는 로봇을 개발했다. '나오nao'라 불리는 이 귀여운 로봇은 난민 아이들에게 인간보다 더 적합한 교사가 될 수도 있다.

이미 우리 아이들에게는 로봇과 인공지능을 동반자로 삼아 살아가는 미래가 시작되었다. 로봇은 체코어로 '허드렛일을 하는 노예'라는 뜻이다. 다음 세대 사람들이 로봇을 정말 말 그대로 인간의 하인으로 부리며 여유롭게 살지, 아니면 로봇에게 일자리를 빼앗기고 허드렛일이라도 얻어내기 위해 아등바등하며 살지는 지금 우리가 어떤 사회적 대응책을 선택하느냐에 달렸다.

선별복지 시스템을 넘어서자

막대한 재원이 드는 기본소득보다는, 기존 복지 시스템을 잘 운용하는 게 더 낫지 않을까? 일할 수 있는 사람은 일해서 먹고살게 하고, 스스로 구제하기 힘든 사람만 적절히 지원하면서 그들의 근로 의욕을 북돋는 것이 경제적으로나 윤리적으로 옳은 일이 아닐까?

하지만 바로 여기에 기본소득이 대안으로 떠오르는 또 다른 이유가 있다. 현재의 사회 복지 시스템이 빈곤과 불평등에 갈수록 제대로 대처하지 못하고 있기 때문이다.

현재 복지 시스템의 기본 원리는 '선별選別'과 '잔여殘餘'다. 꼭 필요한 사람만 골라내서 주기에 선별이고, 개인과 시장이 해결할 수 없는 나머지 부분만 지원하는 점에서 잔여라고 할 수 있다. 이 시스템에서 꼭 필요한 것은? 복지가 필요한 사람과 아닌 사람을 구분하기 위한 '자격심사'다. 이 복지 시스템의 가장 중요한 목표는 취업 노동에서 떨어져 나간 사람을 최대한 다시 취업하게 만드는 것이다. '스스로 일해서 살아갈 수 있는 사람이 복지 지원을 받으면 정말 지원받아야 할 사람이 못 받게 된다'는 이유로 엄격한 자격심사가 정당화된다.

경제가 성장하고 건전한 일자리가 늘어나는 시기에는 이 시스템이 그럭저럭 돌아갈 수 있었다. 하지만 적정 소득을 제공하는 질 좋은 일자리가 취업 시장에서 말라붙으면서 시스템의 한계들이 수면 위로 드러났다.

첫째, 복지 사각지대가 커지고 있다. 복지가 필요하지만 자격심사 때문에 지원받지 못하는 사람들이 점차 늘고 있는 것이다. 이들은 시간이 가면 절대빈곤층으로 굴러 떨어지게 된다. 2015년을 기준으로 최저생계비 이하로 살고 있는 가구가 179만 가구에 이른다. 그러나 한국의 대표적인 복지제도인 기초생활보장제도의 지원을 받는 기초수급가구는 83만 가구에 불과하다. 거의 100만에 이르는 가구가 자격심사에서 종이 한 장 차이로 걸러지는 것이다. 자격심사의 주된 기준은 근로능력이 있는지, 부양의무자가 있는지, 소득인정액(소득과 재산을 합산하여 계산)이 기준을 초과하는지 등이다.

이러한 자격심사가 가진 허점은 2014년 2월에 일어난 '송파세 모녀 자살사건'으로 극명하게 드러났다. 서울 송파구 석촌동 반지하 월세방에 살던, 환갑을 바라보는 엄마와 서른을 넘긴 두 딸은 방 안에 번개탄을 피워놓고 동반 자살했다. 키우던 고양이 한 마리도 함께였다. 그들은 주인집 아주머니에게 "죄송합니다. 마지막 집세와 공과금입니다. 정말 죄송합니다"라고 쓴 쪽지와 돈 70만 원을 남겼다. 그들 모녀는 수입이 없었고 국가로부터 어떠한 복지 지원도 받지 못했다. 큰딸은 만성 질환을 앓고 있었다. 당시 박근혜 대통령은 이들 모녀가 기초생활수급 신청을 했거나 긴급복지지원제도의 도움을 받았다면 좋았을 텐데 그러지 못해 안타깝다고 말했다. 마치 이미 마련돼 있는 복지제도를 '몰라서' 이용하지 못했다는 투였다.

그러나 송파 세 모녀는 수급 신청을 했더라도 수급자로 선정되지 못했을 가능성이 크다. 이 사건을 설명하는 책 『죄송합니다, 죄송합니다』는 이렇게 말한다.

기초생활수급자가 되려면 두 기준을 통과해야 한다. 첫번째는 소득과 재산의 환산액 등을 합한 '소득인정액'이 최저생계비보다 낮아야 하고, 두번째는 부양의무자 기준에 부합해야 한다. 어머니는 식당에서 일한 수입으로 최근까지 150만 원 소득이 있었으므로 소득인정액으로 150만 원이 잡힐 것이다. 이는 최저생계비보다 많은 금액이다. 또 정부의 입장에서 보면 세 모녀는 '근로능력자'다. 근로능력이 있는 신청자에겐 추정소득이 부과된다. 이 모든 상황을 고려해볼 때 세 모녀는 수급 신청을 했더라면 더 절망했을지도 모른다.[18]

모녀는 가난해도 짐이 되기는 싫다며 꼬박꼬박 공과금을 내왔기 때문에 관할 복지기관에서도 그들의 상황을 파악하지 못하고 있었다.[19] 한국의 복지제도는 스스로 신청하지 않는 대상자를 애써 찾아내서 지원하지 않는다. 아무리 그렇더라도 세 모녀는 수급 신청을 시도라도 했어야 하지 않을까? 하지만 한국에서는 복지 지원을 받는 게 그다지 당당한 일로 여겨지지 않는다. 수급권을 얻으려면 신청자는 자신이 얼마큼 어렵고 힘들게 살아가는지, 자신의 '불쌍함'을 스스로 증명해야 한다. 신청자는 모멸감을 느끼고 자존감을 잃는다. 복지를 권리가 아니라 남부끄러운 일로 여기게 된다.

현 복지 시스템의 두번째 문제는 낙인효과다. 엄격한 자격심사와 선별적 복지에 의해 복지 수급자에게 부정적인 낙인이 찍힌다. 사회 구성원들은 종종 수급자를 일할 수 있으면서 세금이나 축내는 게으름뱅이로 보거나 거짓으로 복지 지원을 타내는 부정 수급자일 거라고 의심한다. 선별적 복지를 하는 사회에서는 늘 부정 수급자를 찾아내라는 여론이 거세다. 부정 수급자를 찾아 신고하면 포상금을 주는 파파라치 제도가 도입되고, 수급자가 SNS에 올리는 사진이나 글은 거짓의 증거를 찾아내기 위한 감시 대상이 된다. 자연히 수급자의 사생활이 침해되고, 수급자와 비수급자 사이의 갈등이 일어나며, 복지 행정에 대한 시민의 불신이 커진다.

엄격한 자격심사를 요구할수록 행정 비용은 늘고 사회복지 공무원의 업무는 과중해진다. OECD 국가에서 사회복지사 1인이 담당하는 인원이 평균적으로 70명인데, 한국은 500명에 이른다.[20] 한국의 사회복지 공무원 3분의 1이 우울증을 앓고 있다는 지적도 있다.[21]

경기도 어느 도시의 주민센터에서 이런 일이 있었다. 어느 날 주민센터 기초생활수급 담당자에게 전화가 걸려왔다. 전화 속 목소리는 나이 든 여성이었는데, 그녀는 화난 목소리로 '수급자인 홍아무개 할머니가 가짜 수급자니까 보조금(생계급여) 지급을 중단하라'고 소리를 쳤다. 홍 할머니는 폐지를 주워 근근이 생활하는 노인이었다. 담당자가 실상을 알아보니 홍 할머니가 노인정에서 아들 자랑을 한 게 화근이었다. 홍 할머니는 다른 노인들에게 기죽지 않으려고, 아들이 삼성 직원인데 해외 출장이다 뭐다 바빠서 잘 찾아오지는 못하지만 올 때마다 용돈을 두둑이 준다고 떠들었다. 홍 할머니의 아들 자랑을 듣고 시샘이 난 다른 할머니는 '그렇게 잘 살면서 왜 수급자냐'며 신고를 한 것인데, 사실 홍 할머니의 아들은 삼성 직원은커녕 할머니와 연락이 끊어진 지 오래되어 어디 사는지조차 모르는 상태였다. 이 해프닝으로 동네 노인들 사이가 나빠졌고, 내막을 조사하느라 사회복지 담당자의 업무만 늘어났다.

사회가 빈곤층에 찍는 낙인은 그들의 자립 가능성을 줄이며, 이는 또 다시 빈곤층에게 가는 세금이 아깝다는 인식을 심어준다. 그러면 복지를 명목으로 세금을 걷고자 할 때 반발이 생기고, 재원이 충분히 확보되지 못해 자격심사는 더 엄격해질 수밖에 없다. 스웨덴의 경제학자 발테르 코르피Walter Korpi와 요아킴 팔메 Joakim Palme가 밝힌 것처럼, 선별적 복지는 중산층의 납세 저항으로 이어져 복지 파이가 일정한 수준 이상으로 커지지 못하게 만든다. 복지가 취약해지면 질수록, 찰나의 실수나 불운 때문에 빈곤층으로 떨어지는 사람은 더 늘어난다.

현 복지 시스템의 세번째 문제는 '빈곤의 덫'이다. 복지의 함정이라고도 불린다. 현재의 시스템은 복지 수급자의 취업을 유도하는 것이 목적인데, 역설적이게도 수급자가 취업을 포기하게 만들고 있다. 한국의 기초생활보장제도는 최저생계비 기준선을 정하고 수입이 그보다 낮은 사람에게 기준선과 수입의 차액을 지원한다. 2020년에 4인 가족의 최저생계비 기준선은 중위소득의 30%인 142만 원이므로, 수급대상 가족이 월 100만 원을 번다고 하면 차액인 42만 원을 국가가 지원해주는 것이다. 만약 그 가족이 조금 더 일해서 150만 원을 벌게 되면? 복지 지원은 딱 끊긴다. 이 경우 겨우 8만 원(150만 원-142만 원)을 더 벌자고 힘들게 더 일하려 할까? 오히려 기존에 하던 일도 그만두고 가만히 앉아서 142만 원을 받는 쪽을 택하지 않을까?

2012년에는 기초생활수급자인 아버지가 수급권 탈락을 피하기 위해 자식에게 다니던 회사를 그만두게 하는 일도 있었다. 아들이 기아자동차에 취업했으나, 아버지는 아들의 월급 210만 원이 소득인정액을 넘기 때문에 자신이 기초수급자에서 탈락하면 손해라고 판단했다. 기초수급자에서 탈락하면 생계비·의료비·주거비·통신비 할인 등 각종 지원이 사라진다. 구청 담당자가 아버지에게 좋은 직장이니 다니게 하라고 설득했지만 통하지 않았다.[22]

엄마가 수급권을 유지하려고 대학생 자녀의 아르바이트를 막기도 하고, 어떤 청년은 아르바이트 소득을 들키지 않으려고 친구 통장을 통해 급여를 받기도 한다. 40만 원 조금 넘는 생계급여를 받으며 월세 단칸방살이를 하는 지체장애 대학생이 있었다. 그는 등록금을 마련하기 위해 아르바이트를 했는데, 주민센터에서 "소득이 확인되었는데 생계 지원금이 삭감될 수 있다"는 통보가 날아왔다.[23] 수급자에서 벗어나면 각종 급여는 물론 쓰레기봉투 지원 같은 것마저 사라진다. 그는 결국 아르바이트를 포기해야 했다.

근로 수입이 생기면 복지 지원을 끊어버리는 현재의 시스템은 빈곤층의 탈빈곤 의지를 꺾는다. 위에서 살폈듯 수입이 현격히 높지 않다면 빈곤층은 차라리 수급자로 남는 것을 택한다. 만약 취업만 하면 앞으로 생계를 안심할 수 있거나, 일자리가 미래를 보장해주는 상황이라면 문제가 다를 것이다. 그러나 언제든 잘릴 수 있는 저임금 비정규직 일자리를 지키기 위해 적으나마 안정적으로 제공되는 복지 혜택을 포기하기란 쉽지 않다. 수급 자격을 얻으려면 복잡하고 까다로운 심사를 거쳐야 한다는 점도 취업 의지를 꺾는 요인으로 작용한다. 이런 현실에서 복지 적격 자와 비적격자를 기계적으로 구분하는 시스템은 사람들을 빈곤의 덫에 가둔다.

심리학계에는 '마시멜로 실험'이라는 유명한 실험이 있다. 실험자는 아이들에게 마시멜로 한 개를 먹지 않고 참으면 나중에 한 개를 더 주겠다고 약속한다. 실험자가 방을 나가면 어떤 아이는 욕구를 참지 못하고 마시멜로를 집어 먹고, 어떤 아이는 미래의 보상을 기대하며 꾹 참는다. 20년간 추적조사를 해보니, 마시멜로를 먹지 않은 아이들이 직업이나 소득에서 사회적으로 더 높은 지위에 가 있었다. 그런데 최근에 연구자들은 새로운 사실을 발견했다. 저소득층 아이일수록 눈앞의 과자를 얼른 집어먹는 경향이 있다는 것이다. 연구자들은 이는 '장기적인 보상'을 기대하기 힘든 생활환경과 관련이 있다고 결론내렸다. 즉 저소득층 아이들은 있을지 없을지 불확실한 미래의 보상 약속을 기다리기보다 지금 당장의 욕구를 해결하는 것을 더 '합리적인 선택'으로 여긴다.[24]

기본소득은
바닥 높이기다

누군가 해오던 일을 자의든 타의든 그만 두었을 때, 심신을 재충전하고 새로운 지식 및 기술을 익히면서 다양한 길을 탐색할 기회가 그에게 주어져야 한다. 뜻하지 않은 실업은 이혼이나 가족의 죽음만큼 개인에게 충격이라는 연구도 있지만, 경우에 따라서 실업은 새로운 일을 찾기 위한 휴식과 모색의 기회가 될 수도 있다. 물론 여기에는 돈과 시간이 함께 제공되어야 한다. 시각을 조금만 바꾼다면, 이때 제공되는 돈과 시간이 낭비가 아닌 사회적 투자라는 것을 알 수 있다. 그러나 한국의 복지 시스템은 이러한 가능성에 주목하지 않는다. 복지를 시민의 기본권으로 보지 않고, 취업 시장의 탈락자를 취업 시장으로 되돌려보내는 보조 수단으로만 보기 때문이다.

실업급여의 예를 보자. 작가가 꿈인 J씨는 직장을 그만두고 한동안 실업급여를 받았다. 한국의 실업급여는 퇴직하기 전 고용보험에 가입된 기간에 따라 3개월에서 최대 8개월까지 지급된다. 고용센터의 실업급여 담당자는 J씨에게 구직 활동을 증명하기 위해 매주 한 장 이상 명함을 가져오라고 했다. J씨가 구직하러 간 회사의 대표나 면접관의 명함 말이다. 취업을 위해 노력했다는 증거를 보여주어야만 얼마 되지 않는 급여나마 받을 수 있었다.

J씨는 회사에서 나온 후 여러 책을 읽고 글쓰기 공부를 하는

중이었다. 하지만 그것으로는 수급 자격이 인정되지 않는다. J씨는 식당이나 PC방 사장님 명함 따위를 갖다 내고 실업급여를 탔다. 죄 짓는 기분이 들면서도 한편으론 이런 제도가 도무지 이해가 되지 않았다. 작가가 되려는 사람은 누구의 명함을 가져와야 구직 활동이 증명된단 말인가?

실업급여의 정식 명칭은 '구직급여'다. 이 급여의 목적은 실직 상태인 사람을 위로하거나 휴식을 주는 게 아니라 빨리 재취업시키는 것이다. 그렇기 때문에 J씨는 매주 구직 활동을 증명해야 했다. 그런데 J씨가 가져오는 명함 몇 장으로 담당자는 그의 구직 노력을 어떻게 평가한다는 것일까. J씨는 구직하는 체 실업급여를 받고 담당자는 구직 활동을 점검하는 체 월급을 받는 것, 이게 그들 사이에 일어나는 진실은 아닐까?

밤과 낮의 사이에 있는 동트기 직전이 가장 어둡다는 말도 있듯이, 종이 한 장 차이로 복지 수급 대상자가 되지 못한 사람들의 처지는 수급자들보다 어쩌면 더 괴롭다. 많은 청년들이 생계형 아르바이트로 식비·주거비·통신비 등을 감당하며 어렵게 살아간다. 아르바이트 노동자 상당수는 고용보험 가입이 안 되어 실업급여조차 받지 못한다. 그런데 이들의 사연을 들어보면 공통점이 있다. 구직을 준비하면서 당장 먹고살기 위해 아르바이트를 하고, 아르바이트를 하다 보니 구직 준비할 시간은 부족하고, 그래서 취업에 실패하고, 다시 단기 아르바이트에 나서고, 공부할 시간은 또 줄어들고… 이 과정을 약속이나 한 듯이 밟는다.

그러다가 나이가 들면서 취업은 점점 어려워진다. 취업 준비 기간이 길어질수록 불안이 더해간다. 돈도 돈이지만 이들에게 간절한 것은 시간이다. 잠시라도 노동에서 벗어나 자기를 돌아보고, 자기가 진정 원하는 일을 찾고 또 그 일을 준비할 수 있는 시간 말이다.

"지금껏 살아오면서 의료보험 빼고는 국가한테서 뭘 받아본 적이 없다. 그냥 각자도생하며 살아야겠다고 생각했다. 그런데 청년배당으로 보편복지를 처음 경험했다. 나한테는 그게 중요했다."[25] 경기도 성남시에 살면서 청년배당을 받은 청년이 한 말이다. 성남에 거주하는 만 24세 청년에게 1년에 50만 원(분기별로 나눠 지급되며 성남시에서 사용할 수 있는 상품권 형태로 지급된다)을 지급했을 뿐인데도 이들이 체감하는 효과는 크다. 청년배당을 받은 청년들을 상대로 한 설문조사에서 응답자의 95%가 청년배당이 생활에 실질적 도움이 됐다고 답했다. 이러한 반응은, 현 복지 시스템의 대안으로서 기본소득의 가능성에 우리가 주목해야 하는 이유다.

정리해보자. 기본소득은 자격심사가 없다. 따라서 복지 사각지대가 생기지 않는다. 지원이 필요한 사람이 까다로운 기준에 걸려 배제되지 않는다. 복지에서 제외된 채 저임금 노동에 매여 살아가는 이들에게, 기본소득은 삶의 안전망과 더불어 그들이 절실히 바라는 '시간'을 제공한다. 다음으로 기본소득은 시민의 보편적 권리로 주어진다. 가난한 사람만 골라 주지 않으므로 낙

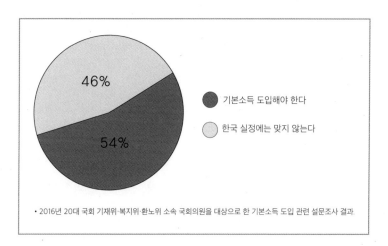

기본소득 도입해야 한다

한국 실정에는 맞지 않는다

46%

54%

• 2016년 20대 국회 기재위·복지위·환노위 소속 국회의원을 대상으로 한 기본소득 도입 관련 설문조사 결과.

복지 사각지대, 낙인효과, 노동 의욕 감소 등 선별적 복지의 문제점들은 곧 기본소득의 강점이다. 표본은 작지만 기본소득과 직간접적으로 관련 있는 상임위 국회의원 과반이 기본소득제에 찬성했다는 것은 그만큼 현 복지 시스템을 대체할 제도가 시급함을 말해준다.

인 효과가 없으며, 기본소득을 받는 동등한 시민이라는 연대감을 심어준다. 셋째로 일을 해서 추가로 노동소득이 생기더라도 기본소득 지급은 중단되지 않는다. 따라서 일을 하게 되면 총소득이 늘어난다. 기본소득을 받는 사람은 '노동소득이냐 기본소득이냐'의 딜레마를 겪지 않는다. 즉 빈곤의 덫이 사라진다. 넷째로, 기본소득은 사람들의 소득·자산·부양가족을 확인하라고 요구하지 않고 부정 수급자를 찾아내라고 요구하지도 않는다. 복지행정 비용이 크게 절감되며 국가가 복지 대상자의 사생활을 감시하는 일도 사라진다. 담당 공무원들은 과중한 행정 업무에

1장 기본소득, 왜 지금일까? 59

서 벗어나 복지 서비스의 질을 높이는 데 집중할 수 있다.

『쿵후보이 친미』라는 만화를 보면, 무술을 연마하는 주인공 친미가 깎아지른 절벽 이쪽에서 저쪽으로 뛰어야 하는 과제를 마주한다. 절벽 사이의 거리만 놓고 보면 친미의 실력으로 충분히 넘을 수 있다. 하지만 친미는, 몇 번이나 도약을 시도하다가도 떨어질까 두려운 마음에 도약 직전에 멈추고 만다. 친미의 스승은 모든 것은 마음에 달렸다고 가르친다. 자, 친미는 절벽에서 떨어져 크게 다치더라도 의술이 뛰어난 스승이 자기를 치료해줄 거라고 생각할 수도 있다. 아니면 절벽 사이가 낭떠러지가 아니라 얕은 냇물일 뿐이라고 상상할 수도 있다. 어떤 쪽이 친미의 마음을 가볍게 할까? 친미는 후자를 상상하며 마침내 절벽을 뛰어넘는 데 성공한다.

비유하자면, 선별복지 시스템은 우리에게 추락해서 다치면 치료해주겠다고 말하는 것과 비슷하다. 치료해주지 않는 것보다야 낫지만, 이 시스템에서는 추락의 두려움에서 누구도 벗어날 수가 없다. 반면 기본소득은 바닥을 확 높이자고 제안한다.[26] 누가 넘어지더라도 다치지 않도록 말이다. '최저 수준'이라는 개념은 말 그대로 인간답게 살 수 있는 최소 조건이라는 뜻이다. 하지만 선별복지에서는 그 수준보다 아래로 추락하는 사람들이 늘 존재하고, 추락한 후에는 수급권을 얻어야 겨우 최저 수준으로 다시 올라올 수 있다. 반면 기본소득이 생긴다면 최저 수준은 최소한 그 아래로는 아무도 떨어지지 않는 실질적인 기반이 된다. 이

것이 중요하다. 기본소득은 낭떠러지에 대한 두려움에서 벗어날 수 있게 해준다.

궁핍과 실업의 두려움은 우리를 보이지 않는 감옥에 가둔다. "그런 일 하면 너 굶어죽기 딱 좋다" "너 그러다가 잘린다" 같은 말에 주눅 들어 원하지 않는 일을 꾸역꾸역 하고 부당한 대우도 꾹 참아야만 한다면, 그것이 감옥이 아니고 무얼까? 기본소득은 우리에게 이렇게 말한다. "그거 해도 돼. 굶지 않아."

기본소득이 있으면 우리는 미지의 일에 과감히 도전할 수 있다. 하고 싶지 않은 일에 '노No'라고 말할 힘이 생긴다. 기본소득은 우리로 하여금 삶을 되찾게 해준다.

증오의 시대를 이겨내기 위하여

증오의 시대가 되돌아오고 있다. 인종과 이념의 차이로 죽고 죽이던 비극적 시대는 인류가 진보하면서 역사의 뒤뜰에 묻힌 줄로만 알았다. 하지만 강요된 실업, 감당할 수 없는 불평등, 좌절된 지위 상승, 한계를 드러낸 복지 시스템이 겹치면서 무덤 속의 좀비가 일어나듯 증오와 적대의 목소리가 사회에 쏟아져 들어오고 있다. 이대로 가면 사회는 만인 대 만인의 전쟁터가 된다. 이 역시 기본소득을 서둘러 도입해야 하는 이유다.

미국과 유럽에서는 증오가 주로 이주노동자들에게 향한다. 삶이 힘들어진 시민들이, 그 이유가 외국에서 온 이주자들이 내국인의 일자리를 빼앗고 복지 혜택을 가로채기 때문이라고 생각해서다. 극우 정치인들은 그 증오에 기대어, 국경을 걸어 잠그고 이주자를 쫓아내자며 대중을 부추긴다. 유럽 각국에서 극우 포퓰리즘 정당이 세를 키우고, 미국에서는 인종차별적 막말을 일삼았던 도널드 트럼프가 대통령에 당선됐다. 그들 정당과 정치인에 의해 사회는 더더욱 조각조각 분열된다.

극우세력의 급부상은 경제 사정이 악화된 까닭이기도 하지만, 그들에게 반대하는 세력이 대안으로 내놓을 수 있는 뚜렷한 사회 전망이 없어서이기도 하다. 과거의 소비에트식 사회주의는 더 이상 진지한 대안으로 여겨지지 않는다. 사회민주주의 복지국가는 빈곤과 불평등을 막는 일에 무력함을 드러내고 있다. 자유시장 지지자들은 전세계 금융위기 후에도 작은 정부와 규제완화가 경제 회복의 길이라고 말하지만, 이제 그 말을 믿는 사람들은 없다. 이런 상황은 20세기 초 자유주의와 사회민주주의를 밀어내고 배타적 인종주의, 극우민족주의 세력이 정권을 잡은 파시즘 시대를 떠올리게 한다. 그 같은 역사가 되풀이되지 않을 것이라고 누구도 자신 있게 말하지 못한다.

한국은 서구와 다른 방식으로 증오의 정치경제학이 작동한다. 이주민에 대한 개방 정도가 낮은 한국에서는 서구와 같은 반反이주자 포퓰리즘은 아직 나타나지 않는다. 대신 취업 시장의 변두리로 내몰린 청년들은 기성세대, 특히 중장년 정규직 노동자들에게 증오를 발산한다. 많은 청년들은 이들이 '철밥통'을 지키고 있어 자기들에게 기회가 없다고 여긴다. 또한 노동조합이 자기네들만의 이익단체에 불과하다고 생각한다. 그렇다고 청년들은 비정규직 노동자에게 동질감을 느끼지도 않는다. 정규직화를 요구하는 비정규직 노동자의 투쟁에 대해 청년들은 "날로 정규직 되려고 하면 안 되잖아요!"[27]라고 비난한다. 취업 현실에서 느끼는 심리적 불안과 박탈감 때문에 그들은 어떤 형태의 사회적 연대도 인정하지 않는다. 그들은 개인의 노력 외에는 어떤 것도 공정한 경쟁을 가로막는 방해물로 여긴다. 그런 청년들에게, 연대를 호소하는 일체의 언어는 '선동'에 불과하다.

사실 불평등과 기회의 박탈이 문제라면 경제적 자원을 독점한 재벌을 가장 많이 비난해야 마땅하다. 경제가 어렵다는데도 재벌 일가는 매년 수백억에 이르는 주식 배당금을 꼬박꼬박 챙긴다.[28] 정규직까지 포함한 한국 노동자 4명 가운데 3명은 평균 연봉이 4000만 원도 안 되는데 말이다. 이런 재벌 일가야말로 청년들의 공적 1호가 되어야 하지 않는가?

그러나 사람들의 증오는 압도적인 부나 권력을 가진 이가 아니라 자신과 별다를 것 없어 보이는데 혜택을 누린다고 여겨지는 이에게 향한다. 증오는 사회 구조를 지배하는 숨은 권력이 아니라 자기에게 가까이 있고 눈에 보이는 대상, 적당히 약한 자에게 몰린다. 이것은 길 잃은 분노다.

한 인터넷 포털사이트는 언론 기사에 댓글을 다는 사람들의 연령과 성별 통계를 제공하는데, 세월호나 여성 관련 이슈에 악의적인 댓글을 다는 이들은 대체로 20~30대 남성이라는 사실이 확인된다. 세월호 유가족에게 '유족충' '시체 장사' 운운하는 것이나, 젊은 여성을 '김치녀' '된장녀'라고 혐오하는 것 역시 청년들, 특히 남성 청년들이 갖고 있는 길 잃은 분노의 표출이다. 그런데 길 잃은 분노가 확산되는 배경에는 청년들의 불안정한 삶이 있다. 증오의 확산을 막으려면, 심화되는 삶의 불안정성을 어떻게든 해소해내야만 한다.

2014년 8월 21일 오전 7시, 미국 플로리다 세인트피터즈버그에 있는 스타벅스 커피 매장의 운전자 주문 장소에서, 한 여성이 자기가 주문한 아이스커피의 값을 치르고 뒷사람이 시킨 카라멜마키아토 값도 마저 지불했다. 그 여성은 뒤의 운전자와 모르는 사이였다. 아무 조건 없이 호의를 입은 뒷사람은 역시 자발적으로 자기 뒤에 오는 사람의 커피 값을 지불했고, 그 사람은 다시 자기 뒷사람에게 호의를 베풀었다.

이런 식으로 '앞서 먼저 내주기pay it forward'는 계속되었다. 스타벅스의 점원은 그 숫자를 기록했고 앞선 사람이 자기 커피 값을 냈다는 사실을 모르는 손님에게는 "앞의 손님이 고객님의 커피 값을 계산해주셨습니다. 혹시 받으신 호의를 다음 사람에게 베푸시겠습니까?"라고 물었다. 이 행렬은 오후 6시까지 장장 11시간 동안 이어졌으며 총 378명이 모르는 사람에게 호의를 베푸는

데 동참했다.

이 이야기는 우리가 어떻게 하면 서로에 대한 불신과 이기주의를 줄일 수 있는지 교훈을 시사한다. 조건 없이, 먼저 주자. 기본소득을 지급하자. 소득을 위해 남과 경쟁하게 하지 말고 소득 위에서 남과 협력하게 하자. 그것이 이 사회를 우정과 연대의 공동체로 새롭게 구성하는 길이다.

꽃에는 물과 햇빛, 사람에겐 기본소득

영국 작가 버지니아 울프(1882~1941)는 단지 여자라는 이유로 대학 도서관 입장을 거부당했다. 당시 영국에서 여성은 대학 강의를 들을 수는 있었지만 학위는 받을 수 없었다. 가부장적 영국 사회는 여성의 글쓰기를 독립적인 직업으로 인정하지 않았다. 울프는 생활고와 성차별이라는 이중의 벽에 부딪쳤다.

자기의 삶과 문학에 대해 여성 청중에게 강연한 내용을 엮은 『자기만의 방』에서 울프는 이렇게 묻는다. 여성 작가는 왜 가난한가? 그리고 가난은 여성 작가의 마음에 구체적으로 어떤 영향을 끼치는가?

내가 숙모님의 유산을 받게 되었다는 소식을 들은 것은 여성에게

투표권을 부여하는 법안이 통과되던 당시의 어느 날 밤이었습니다. 내게 매년 500파운드가 지급되도록 재산이 상속되었다는 사실을 알았지요. 투표권과 돈 중에서 돈이 무한히 중요해 보였다는 사실을 고백해야겠지요. 그전까지 나는 신문사에 잡다한 일자리를 구걸하고 여기에다 원숭이 쇼 기사를 기고하고 저기에다 결혼식 취재 기사를 쓰면서 생계를 이어나갔습니다. 봉투에 주소를 쓰고 노부인들에게 책을 읽어주거나 조화를 만들고 유치원의 어린아이들에게 철자법을 가르쳐줌으로써 몇 파운드를 벌었지요. 그러한 일이 1918년 이전의 여성들에게 개방된 주된 일자리였습니다.[29]

울프는 솔직하게 고백한다. 여성 투표권 확보라는 쾌거보다 자신의 금전적 궁핍이 더 큰 문제였다고. 울프는 생계를 위해 원하지 않은 일을 '노예처럼 아부하며' 해야 했다. 자기의 재능이, 그것을 드러내지 않으면 죽을 것 같은 재능이 서서히 소멸하고 있다고 느끼면서 울프는 몹시 괴로웠다. 숙모의 유산을 받은 후에 울프는 안정적으로 집필에 집중할 수 있었고 작가로서 명성과 수입도 얻는다. 울프는 여성들에게 두 가지를 당부한다. "어떻게든 연간 500파운드의 수입과 자기만의 방을 가지시기 바랍니다."

울프의 시대에 남성은 가정에서 독립된 공간을 가졌지만 여성은 온 가족이 공유하는 거실에서 지내야 했다. 제인 오스틴도 『오만과 편견』을 사람들이 들락날락하는 거실에서 썼다. 울프는 여성이 자기 일에 집중할 수 있는 자기만의 공간을 갖고, 남성에게서 자립하여 생활할 만큼의 안정적인 소득을 얻을 때, 그 두 열쇠로 자유의 문을 열고 나올 것이라고 한다. "무슨 짓을 해서라도 여러분 스스로 여행하고 빈둥거리며, 세계의 미래와 과거에 대해 사색하고 책을 구상하며 길모퉁이를 어슬렁거리고, 사유의 낚싯줄을 강물 깊이 담글 수 있을 만큼 충분한 돈을 가지시기 바랍니다."

1929년에 울프가 당부한 연 500파운드의 수입은 2016년의 화폐 구매력으로 최소 2만7000파운드 이상, 우리 돈으로 약 4000만 원에 해당한다.[30] 통계청에 의하면 2016년 한국의 도시 근로자 4인 가족의 평균 소득(소득 70% 이하 가구의 평균)은 월 377만원이다. 연소득으로는 약 4500만 원이다. 울프의 500파운드는 현재 한국 중산층 4인 가족 연소득에 맞먹는 셈이다. 한 사람이 연간 4000만 원의 소득을 얻는다면 그는 임금노동에서 당장 손을 떼고 살 수 있을 것이다.

일부에서는 경기도 청년기본소득이나 서울시의 청년수당(기본소득이나 청년배당과는 달리 자격심사를 거쳐 지급하는 일종의 취업 지원금이다)이 청년들의 도덕적 해이를 조장한다고 비난한다. 청년수당이라고 해봐야 50만 원씩 6개월간 주는 것으로 다 더해도 고작 300만 원인데 그 돈으로 무슨 도덕적 해이까지 조장한단 말인가? 기본소득 지지자들도 재정 마련에 대한 고민으로 겨우 월 30~40만 원 수준의 금액을 이야기할 뿐이다. 그런데 울프는 여성들 개개인이 최소한 연간 4000만 원씩 가져야 한다고 말한다. 노동의 대가든 아니든, 무슨 짓을 해서라도 가지라고 당부한다.

울프는 과감하다. 500파운드와 자기만의 방을 언급했을 때, 울프는 굶어 죽지 않을 정도의 최저생계비를 말한 것이 아니었다. 울프의 말뜻은, 귀족들이 누린 '노동으로부터 자유로운 삶, 품위 있는 삶'을 여성들도, 가난한 여성들까지도 누려야 한다는 것이다. 푹 쉬고, 여행하고, 책 읽고, 글 쓰고, 친구와 만나고, 악기를 연주하고, 춤추고, 외국어를 공부하고, 자선 활동하고, 정치에 참여하는 삶, 그런 삶을 모두가 살 수 있어야 한다. 그냥 살기 위해 사는 게 아니라, 존 스튜어트 밀의 말을 빌리자면 '삶의 기예art of living'를 갈고 닦으면서 값지게 살아야 한다.

울프는 셰익스피어에게 그만큼 똑똑한 누이가 있었다고 가정해보자고 한다. 그러나 그 누이는 학교에 가지 못했을 것이고, 조혼과 연이은 임신을 강요당했을 것이며, 학대당했을 것이고, 남편으로부터 독립할 경제력이 전무하기에 재능을 꽃피울 기회도 없었을 것이다. 울프는 청중에게 당부한다. "셰익스피어의 누이가 다시 태어날 때 그녀가 살아갈 수 있고 자신의 시를 쓸 수 있게 만들겠다는 결단"을 지금 자기들이 해야 한다고 말이다. 언젠가 모든 여성이 500파운드와 자기만의 방을 갖는 그날을 위해, 지금 이 순간부터 연대와 행동을 시작하자고 울프는 요청한다. "100년이 지나면 여성은 보호받는 성이기를 그만둘 것입니다. 그들은 한때 자신들에게 허용되지 않았던 모든 활동과 힘든 작업에 참여할 것입니다. 아이 보는 여자는 석탄을 운반할 것이고 가게 주인 여자는 기관차를 운전할 것입니다. 여성이 보호받는 성이었을 때 관찰된 사실에 근거를 둔 모든 가설들은 사라질 것입니다."

우리 시대는 버지니아 울프의 시대보다 훨씬 풍족하다. 극빈자, 질병이나 전쟁으로 인한 사망자 비율은 울프가 살던 시대의 10분의 1 이하다. 울프는 대학에 입학할 수도 없었지만 현재 선진국에서 대학 진학률은 남녀 구별 없이 50% 이상이며 한국에서는 70%가 넘는다. 게다가 한국은 경제력이 세계 10위권인 선진국이다. 그런데도 우리는 울프의 문제의식에 저만치도 따라가지 못하고 있다. 그 문제의식이란, 모든 시민은 단순히 생존을 위해 사는 게 아니라 진정한 의미의 자립과 자유를 보장받으며 살아야 한다는 것이다.

비현실적이라고 말하기 전에 생각해보자. 정치란 무엇이어야 하는가를. 시대를 따라가는 것이 아니라 시대를 이끄는 것이고, 현실에 없는 세상(유토피아)을 현실에 존재하도록(나우토피아) 만들 방법을 찾는 일 아닌가.

아르바이트로 학비와 생활비를 해결하며 사는 한 20대 대학생의 이야기다. 이 학생은 가스와 수도가 끊기고 핸드폰 요금이 밀리자 하루 한 끼만 먹으며 지내다가, 생리대가 떨어지자 그것만은 생략할 수가 없어서 마트에 갔다. 한 팩이 하루치 밥값을 넘는 생리대들 가운데 '날개형'과 '일반형'을 놓고 망설인 끝에 그나

마 제일 싼 일반형을 샀다고 한다. 겨우 몇백 원 차이가 부담스러워 더 나은 날개형을 사지 못한 그 학생은 마치 자기 삶에도 날개가 꺾인 것 같았다고 한다.

더 암담한 이야기도 있다. 군대에서 막 제대한 청년이 취업 준비를 하는 중에 원자력발전소에 '알바'로 취업했다. 그의 업무는 원자로 내부에 들어가 압력관(핵연료봉이 들어가는 관)을 교체하는 것이었다. 이 작업을 선택한 이유는 일당이 높아서였다. 그는 원자로 내부에서 260일간 근무했고, 얼마 후 그의 임파선에서 암이 발견되었다. 목을 절개해 암세포를 도려내는 수술을 받았지만 산재 인정을 받지 못해 비용을 자신이 부담했다.[31] 원자로 내부에 들어가서 작업하는 위험한 업무는 모두 비정규직에게 넘어가는 추세다. 비정규직 노동자는 위험한 작업도 당장 돈이 되니까 맡으려 하고, 업무 지시를 거부하면 언제든 해고될 신세이므로 겁이 나도 어쩔 수 없이 맡게 된다.

돈 때문에 청년들이 꺾여 나가는 사회는 희망이 없다. 꽃이 피려면 물과 햇빛이 필요하다. 과연 꽃을 피울 수 있는지, 어떤 꽃인지 먼저 증명부터 해야 물과 햇빛을 준다고 하면 남는 것은 죽음처럼 황량한 땅뿐이다. 먼저 물과 햇빛부터 주어야 한다. 그리고 그들이 어떤 꽃으로 피어나는지 설레는 마음으로 지켜보면 된다.

2장

공짜 돈을 주면 게을러진다고?

——

소득이 보장된다면

자유는 비로소 현실이 된다.

— 에리히 프롬

——

어느 고등학교 선생님이 학생들에게 기본소득의 의미를 설명하고 기본소득이 도입되면 어떨 것 같으냐고 물었다. 학생들은 흥미가 생기는 듯하다가, 마침 그 자리에 없던 A를 언급하며 그에게는 절대 기본소득을 주어서는 안 된다고 했다.

"아니, 왜?"

"걔는 돈 생기면 만날 놀러만 다니면서 안 좋은 데 다 낭비할 거예요."

A는 평소 공부에 큰 흥미를 보이지 않는 아이였다. 선생님은 나중에 A에게 따로 기본소득 이야기를 꺼내봤다. "먹고살 수 있는 기본소득이 매달 생기면 무엇을 하고 싶니?" A의 대답은 의외였다.

"창업할 거예요."

A는 가정 형편 때문에 대학 진학을 포기한 학생이었다. 졸업 후 미래가 그려지지 않아 방황했고, 주변에서는 그런 A를 꿈도 없고 게으른 학생이라고 여겼다. 하지만 A에게 부족한 것은 성실함이 아니라 미래에 대한 희망이었다. 기본소득이 있다고 A의 창업이 성공하리라는 보장은 없다. 하지만 실패를 통해 성장할 기회조차 A에게 제공되지 않는다면? 그건 전혀 다른 문제다.

"기본소득이 생겨 봐. 사람들이 게을러져서 더 이상 일을 하지 않을 걸?" 이런 말은 기본소득에 대한 대표적인 반론 가운데 하나다. 그러나 그렇게 말하는 이에게 그럼 당신도 기본소득이 생기면 게으름을 피우겠냐고 물어보면, 자기도 그럴 거라고 대답하는 사람은 아무도 없다. '제3자 효과 이론'에 의하면, 사람들은 '남들'이 자기에 비해 미디어의 거짓 메시지나 루머를 더 많이 믿고 더 휘둘린다고 생각한다. 자신이 기본소득을 받게 되면 공부도 하고, 창업도 하고, 여행도 하고, 봉사도 할 거라고 답한다. 그런데 '남들'은 그러지 않을 거라니. 이상하지 않은가?

스위스 기본소득 활동가 다니엘 헤니Daniel Hani와 에노 슈미트Enno Schmidt가 만든 다큐멘터리 영화 〈문화적 충동〉에도 이와 관련한 내용이 있다. 독일인에게 "기본소득이 생기면 하던 일을 그만둘 것인가"라고 설문조사를 해보니 응답자의 60%가 "아니다"라고 대답했다. 30%는 일하는 시간을 조금 줄이고 다른 하고 싶은 일을 하겠다고 답했다. 10%는 우선은 돈을 벌고 나중에 생각해보겠다고 말했다. 그런데 응답자들에게 "기본소득이 생기면 다른 사람들은 일을 그만둘 것이라고 보는가"라고 묻자 80%가 "그렇다"고 답했다.(이 다큐멘터리는 유튜브에서 볼 수 있다.)

기본소득을 도입하는 데 가장 큰 장벽은 재원 조달 같은 현실적 문제가 아니라 사람들의 심리적 거부감이다. 공짜로 돈을 준다면 사람들이 게을러지고 타락할 거라는 믿음, 다들 일을 그만두어 경제가 무너질 거라는 우려가 그것이다. 그렇다면 이러한 심리적 거부감에는 과연 근거가 있을까?

런던 노숙인에게 일어난
기적

흔히 듣는 말이 있다. '가난한 사람에게 물고기를 주는 것보다 물고기 잡는 법을 가르쳐줘라.' 일시적인 구호보다는 가난한 사람이 자립할 능력을 길러주는 것이 근본적인 빈곤 해결책이라는 뜻이다. 틀린 말은 아니지만, 늘 맞는 말도 아니다.

런던 시내 노숙인들은 경찰과 복지기관에게 여간 골치가 아니었다. 그들을 관리하고 음식과 임시보호시설을 제공하는 데만 1년에 약 40만 파운드가 들어갔다. 2009년 5월, 한 자선단체가 파격적인 실험을 시작했다. 길게는 40년간 길거리에 산 사람을 포함해 13명의 노숙인에게 각자 3000파운드(약 450만 원)를 나눠주기로 한 것이다. 자선단체는 돈을 주면서 어떠한 조건도 붙이지 않았고, 자신이 원하는 대로 돈을 쓰라고 했다. 다만 자신에게 무엇이 가장 필요한지 생각해보라고만 이야기했다.

어떤 사람들은 노숙인들이 그 돈으로 술을 마시거나 마약을 하거나 도박에 탕진할 거라고 짐작했다. 정말 그랬을까? 아니었다. 노숙인들은 핸드폰·사전·보청기 등 정말로 자기에게 필요한 것을 사는 데 돈을 소비했다. 또한 그들은 돈을 매우 아껴 써서 실험 첫해가 끝났을 때 평균적인 소비 금액은 각자 800파운드 정도에 불과했다.

1년 반이 지났을 때, 13명 가운데 9명은 지붕이 있는 주거지를 마련했고, 그중 2명은 번듯한 아파트 입주를 앞두고 있었다. 그들 전원이 자기를 계발하여 경제력을 갖추기 위해 필요한 길에 들어서 있었다. 20년 동안 마약중독자로 살았던 한 남자는 덥수룩한 수염을 말끔히 깎고 정원사 자격증 교육을 받고 있었다. 어떤 이는 요리 학원에 다니고 있었고, 또 어떤 이는 헤어진 가족을 다시 만났다. 무엇보다 큰 변화는 그들이 미래를 계획하고 있더라는 것이다. 3000파운드는 그들을 방탕하게 만든 것이 아니라 잠재력을 끌어냈다.

이 실험에 든 비용은 실험을 도운 사회복지사의 급여를 포함해도 5만 파운드에 불과했다. 보수적인 매체인 『이코노미스트』가 이렇게 썼을 정도다. "노숙인에게 가장 효과적으로 돈을 쓰는 방법은 그들에게 직접 돈을 나눠주는 것으로 보인다."[1]

'물고기 잡는 법'으로 돌아가자. 학교 선생님이 되기를 원하는 가난한 소년이 있다고 가정해보자. 그런데 그 소년을 도와주겠다며 온 사람들은 물고기 잡는 법을 배워야 먹고살 수 있다며 억지로 그 방법을 가르치려 한다. 이 소년은 어부 일에는 흥미가 없기 때문에 물고기 잡는 법을 열심히 배우려 하지 않는다. 그러자 도와주러 온 사람들은 고개를 저으며 이런 결론을 내린다. "우리가 물고기 잡는 법을 가르쳐주려고 했는데도 들으려 하지 않는군. 역시 가난한 사람은 천성이 게을러서 무얼 해도 안 돼. 그들을 돕는 것은 헛수고야!"

가난한 사람을 지원하는 복지제도는 각종 자격심사를 요구하고 온갖 서류 작업을 수반한다. 복지 지원 대상을 최소한으로 줄이기 위해서다. 또 복지 지원을 받으려면 지정된 노동에 종사하거나 서둘러 구직하려는 노력을 해야 한다. 이 모든 것이 '가난한 사람은 절제력이 없으므로 믿을 수 없다'는 생각에서 나온다.

하지만 자선기관 '기브디렉트리Givedirectly'의 창립자 마이클 페이에Michael Faye는 이렇게 생각했다. '가난한 사람에게 무엇이 필요한지는 가난한 사람 스스로 제일 잘 안다. 가난한 사람에게 현금을 주자. 그들은 자신에게 가장 도움이 되는 길을 스스로 찾을 것이다.'

기브디렉트리는 케냐의 가난한 사람들에게 1000달러의 현금을 일시불 방식으로 제공했다. 돈을 받은 사람 가운데 술값으로 탕진한 경우는 없었다. 사람들은 주로 가축이나 돈벌이 밑천을 구입했다. 한 남자는 채석장 인부로 하루 2달러를 받고 일하다가, 현금 지원을 받은 후 오토바이를 사서 오토바이 택시 기사가 되었다. 그의 수입은 하루 9달러로 늘었다. 다른 한 남자는 목재를 구입해 개인사업을 시작했고 전보다 매달 90달러를 더 벌게 되었다. 한 여자는 지원금으로 장비와 일꾼을 구해 집 근처에 10m 깊이의 우물을 팠다. 그녀는 가족이 마실 깨끗한 물을 긷게 되었다. 또 어떤 여성은 살인범의 누명을 쓰고 감옥에 간 남편을 석방시키는 데 돈을 사용하기도 했다. 기브디렉트리가 현금을 지원한 케냐 사람들은 전체적으로 소득과 자산이 늘었고 아동빈곤은 줄어들었다.

이 실험에서 기브디렉트리는 사업계획서와 생활 여건을 고려하여 대상자를 선정하는 조건부 지급 방식을 택했다. 이제 마이클 페이에는 약 6000명의 케냐인을 대상으로 한 무조건적 기본소득 실험을 계획하고 있다. 페이에의 목표는 이들에게 10년간 장기적으로 기본소득을 지급하여 이 방식이 정말 빈곤을 없앨 수 있는지 알아보려는 것이다.

빈곤을 해결하려면 물고기를 주어야 하는지 물고기 잡는 법을 가르쳐줘야 하는지에 대한 논쟁은 오래되었다. 두 방법 가운데 어느 하나가 절대적으로 옳거나 틀린 것은 아니다. 긴급한 생존 위기에는 직접 생필품을 전달하는 것이 필요하다. 그런 상황이 아니라면 생필품을 스스로 조달할 수 있도록 산업 기술과 인프라를 이전하는 것도 필요하다. 하지만 또 하나의 효과적인 방법을 우리는 잊고 있었다. 각자가 자기에게 맞는 최선의 방법을 택할 수 있도록 그 수단을 제공하는 것이다.

가난한 사람들이
미래를 보다

너무 많은 노동과 너무 적은 음식이
우리를 약하고 마르게 합니다.
선생님은 처방전을 내주셨지요.

몸무게를 늘려라.

그렇다면 선생님께선 갈대에게

젖지 말라고 말할 수도 있겠군요.

— 베르톨트 브레히트, 「노동자가 의사에게 하는 말」

아프면 병원에 가야 하고, 돈을 벌려면 밑천이 있어야 한다는 걸 가난한 사람이 모르는 게 아니다. 그렇게 할 수 있는 수단, 곧 현금이 없어서 못하는 것이다. 그렇다면 현금을 정기적으로 지급하면 어떤 일이 일어날까? 이런 발상에서부터 본격적인 '기본소득 실험'이 시작되었다.

2008~2009년에 아프리카의 빈국 나미비아에서 무조건적 기본소득의 형태로는 최초의 실험 사업이 진행되었다. 이 사업은 나미비아 종교·사회단체로 구성된 '기본소득 연합'이 주관했으며, 저임금 농업노동자가 다수인 오치베라-오미타라Otjivero-Omitara 마을 주민 930명에게 매달 100나미비아달러(약 1만5000원)를 지급했다. 이 액수는 나미비아 최저생계비의 4분의 1 정도다. 그리고 돈을 지급하지 않은 마을과 비교연구가 이루어졌다.

실험이 끝났을 때, 해당 마을의 극빈자 비율은 80%에서 40%로 절반가량 줄었다. 설문조사에서 '매일 먹을 식량이 부족하다'고 밝힌 사람은 실험 전 30%였지만 실험 후 12%로 나타났다. 실업률도 60%에서 45%로 감소했다. 주민들은 기본소득을 밑천으로 소규모 자영업을 시작했다. 특히 여성이 새로 일을 시작하는 경우가 많았다. 주민들의 1인당 월평균 소득은 기본소득을 제외하고도 실험 전 118달러(2007년)에서 실험 후 152달러(2009년)로 늘었다.[2] 기본소득을 지급하면서 타지에서 이 지역으로 이주해 오는 사람이 늘었는데도 범죄율은 오히려 줄었다. 아이들이 학교에 출석하는 날이 전보다 늘었고, 특히 소녀들의 학교 출석률이 40% 이상 증가했다. 아이들의 수업료 납부율이 늘고 평균신장이 커진 것도 빈곤이 개선되고 있다는 징표였다.

나미비아와 비슷한 현금 지원 프로젝트는 아프리카의 또 다른 빈국 우간다, 말라위에서도 실시되었다. 마찬가지로 지원 기간이 종료되고 살펴봤을 때 소득 상태와 취업률이 개선되는 효과가 뚜렷했다. 2011~2013년에 인도에서도 기본소득 프로젝트가 진행되었는데, 앞의 실험들보다 훨씬 규모가 컸고 연구 주제도 다양했다.

인도는 12억 인구 중 3억1400만 명이 빈곤층으로 분류된다. 유네스코와 인도 자영업여성연합Self Employed Women's Association, SEWA 이 협력하여 기본소득 기금을 조성했고, 이를 마디야프라데시 주의 9개 마을 주민 6000여 명에게 2년간 정기적으로 지급했다. 남녀 성인과 어린이 모두 현금을 받았으며 금액은 성인이 300루피, 어린이가 150루피였다. 300루피는 최저생계비의 30% 정도 되는 금액이다.(인도에서 쌀 1kg 1포대와 달걀 5개의 가격이 대략 100루피 라고 한다.[3]) 기본소득을 주지 않은 마을과 비교하며 100여 항목의 연구가 이루어졌다.

실험에 연구자로 참여한 사라트 다발라Sarath Davala 기본소득 인도네트워크 활동가에 의하면, 인도 농촌 가정이 처한 지독한 궁핍의 이유는 크게 두 가지다. 하나는 소득의 불안정이고, 또 하나는 빚의 악순환이다.

농민들의 소득은 그해 농사지은 작물을 추수할 때 결정되는데, 경작 규모와 생산 도구가 열악하기에 작황은 그야말로 날씨에 달려 있다. 풍작이냐 흉작이냐에 따라 가정의 연간 소득은 들쭉날쭉하고, 소득을 예측할 수 없으니 농민들은 미래를 계획하지 못하고 '오늘'만을 산다. 이런 상황이다보니 그들은 종종 질 나쁜 고리 빚을 지고, 한 해 생산한 농작물을 원금과 이자로 몽땅 빼앗기는 일이 빈번하다. 그러면 생계를 위해 농민들은 또 빚을 져야 한다. 이를 갚지 못하면 시골에 남은 악습에 따라 '나우카naukar'가 된다. 나우카는 채무 노예를 뜻한다. 나우카는 빚진 돈에 해당하는 만큼의 일을 채권자가 시키는 대로 해야 한다. 이 악습에 의해 빈곤의 굴레는 더 조여든다.

기본소득이 제공되자 눈에 띄는 변화가 나타났다. 농민들은 추수기가 아니어도 식량을 안정적으로 구입하게 되었다. 적어도 먹을 음식 때문에 빚지는 일이 줄어든 것이다. 전에는 몸이 아파도 병원에 가지 않고 버티는 바람에 병을 크게 키웠지만, 이제 병원과 약국을 제때 방문하면서 건강 상태가 개선되었다. 아이들의 학교 진학률과 출석률이 향상되었고, 나미비아에서처럼 여자아이들의 등교 비율이 유의미하게 올라갔다. 전통적인 카스트

차별과 여성 차별이 여전한 인도에서 여자 아이들은 농촌 사회나 가정에서 가장 낮은 지위에 있다.

농민들은 빚의 악순환에서도 조금씩 벗어났다. 지급된 기본소득으로 빚을 다 갚기란 물론 불가능하다. 하지만 빚이 눈덩이처럼 커지는 계기는 대개 '작은 빚을 자주 지는 것'에서 시작되는데 기본소득이 그것을 막아주었다. 기본소득을 받는다는 사실이 채무자의 신용을 높여주면서 가혹한 고리 빚에서 견딜 만한 저리 빚으로 갈아타는 사례도 늘었다. 많은 이들이 나우카의 처지에서 풀려났다. 빚이 사라지지는 않았지만 채권자가 고리대금업자에서 친구나 친척으로 바뀐 덕분이다.

기본소득을 받은 가구 중 21%는 소득이 전보다 늘었다. 비교 대상인 일반 가구 중에서는 9%만이 소득 수준이 나아졌다. 일가친척이 기본소득을 모아 가축을 사거나 소규모 사업을 벌이기도 했으며, 기본소득을 담보로 은행에서 정상적인 대출을 받아 토지를 구입하는 경우도 늘었다. 생산적인 활동이 증가했고, 소작농과 불안정 임금노동자의 처지를 오가던 사람들이 전업 자영농으로 변모하는 비율이 높아졌다. 사람들의 예상과는 달리 술의 소비는 줄어들었다.

흥미로운 점은 또 있다. 가정에서 여성·아이·노인의 발언권이 강해졌고, 그들의 자존감 또한 눈에 띄게 높아진 것이다. 남성 가장이 가족의 기본소득으로 무엇을 하고자 하면 그들의 동의를 구해야만 했기 때문이다. 마을 주민들이 갹출하여 양식장을 만

기본소득이 도입되면 게으름과 도덕적 해이를 불러일으킬 것이라는 우려는 일면 그럴 듯하다. 그러나 세계 곳곳에서 벌어지고 있는 기본소득 실험은 그런 우려가 섣부른 것이었음을 현재진행형으로 증명하고 있다. (경향신문, 2010년 10월 19일)

드는 등 공동사업을 벌이는 사례도 증가했다. 과거에 '나는 돈이 하나도 없어'라며 이런 유의 공동 사업에 무임승차하던 사람은 점점 줄었다. 모두가 기본소득을 받는다는 걸 서로 알고 있기 때문이다.[4]

기본소득은 인도 농민의 신체와 정신 건강을 개선했고, 생활 여건을 향상시켰으며, 사회적 연대를 강화했다. 가장 중요한 변화는, 현실에 못박혀 있던 농민들의 시야가 넓어진 것이다. 안정적인 소득이 생기자 농민들은 차차 미래에 대한 투자를 구상했고, 장기적으로 더 나은 선택이 무엇인지 고민했다. 즉 장기적으로 이롭지 않은 고용 계약이나 고리 대출을 피하게 되었다. 2016년 7월 서울의 기본소득 지구네트워크 대회에서 사라트 다발라는 이렇게 말했다. "기본소득의 해방적인 가치는 금전적인 가치보다 훨씬 큽니다."

사라트 다발라의 말에 따르면, 기본소득 지급이 끝나고 한참 지난 2016년 그 지역에서 자영농의 비율이 실험 직후보다 더 늘었다. 기본소득의 효과가 그 순간에 그치지 않고 누적되어 지속적 변화를 만들어내고 있다는 뜻이다.

그동안 인도 정부는 빈곤층 지원에 두 가지 제도를 주로 이용했다. 하나는 빈곤층에게 직접 식량을 제공하는 '공공 재분배 시스템'이고, 또 하나는 농촌에서 최저임금 일자리를 국가가 만들어서 제공하는 '국가 농촌고용보장'이다. 하지만 인도 니르마대학의 레지타 나이르Rejitha Nair 교수는 "이 제도로 빈곤층의 생활수준이 나아지지 않았으며, 관료적 부정부패가 심각하다"고 비판한다. 그는 보편적 기본소득을 지급했을 때 빈곤층 가정에 식량이 더 안정적으로 공급되었으며, 관료들이 중간에 끼어들지 못해 부정부패도 줄었다고 말한다.

나이르 교수는 인도 독립의 아버지 마하트마 간디의 정신이 기본소득과 이어진다고 말한다. 간디는 영국 제국주의와 싸우면서 '스와데시Swadeshi' 운동과 '스와라지Swaraji' 운동을 펼쳤다. 스와데시란 '모국'이라는 뜻으로 인도 물건을 사용하고 영국 물건을 배척하는 운동이었다. 스와라지는 '자치, 자립'이라는 뜻으로

반反영 자치운동이었다. "간디는 영국에서 독립하려면 먼저 우리 스스로 자립적이 되어야 한다고 생각했습니다. 그런데 스와라지는 개개인의 경제적인 자유까지 포함합니다."[5]

일련의 빈곤층 현금 지급 사업을 분석한 맨체스터대 연구자들은 다음과 같은 결론을 내렸다. 현금을 받은 사람들은 돈을 낭비하지 않고 유용하게 사용한다. 빈곤이 확실히 줄었으며 건강 상태가 개선되고 납세율이 올라가는 등 긍정적 외부효과가 나타났다. 프로젝트에 드는 비용은 다른 대안에 비해 저렴하다. 무조건적인 현금 지급은 범죄·아동 사망·10대 임신·학교 결석 일수를 줄였고, 지역 경제 활성화·학교 성적 향상·성 평등 수준 향상을 가져왔다. 세계은행World Bank은 19개 현금 지급 프로젝트의 결과를 모아 조사하고 나서 그 어느 곳에서도 술과 담배의 소비가 늘었다는 증거를 찾지 못했다고 발표했다.

가난한 사람을 게으름과 연관 짓는 것은 객관적 증거가 아니라 편견에 불과하다. 가난은 '현금이 충분하지 않은 상황'일 뿐 그 이상도 이하도 아니다. 나미비아 기본소득 실험을 주도한 제파니아 카미타Zephania Kameeta 주교는 이렇게 말한다. "성서의 출애굽기를 보면 이스라엘 사람들이 이집트의 노예로 살다 탈출하여 사막을 헤맬 때 하늘에서 '만나'가 내려왔습니다. 이스라엘 사람들이 만나를 먹고 게을러졌나요? 만나는 그들로 하여금 앞으로 나아가게 만들었습니다."[6]

30년 만에 열린
2000개의 상자

눈에 띄는 성과에도 불구하고 이 실험들의 한계를 우려하는 목소리도 있다. 물론 저개발국이나 개발도상국의 빈곤선 이하 주민을 상대로 한 것이니만큼 서구나 한국 사회에 실험 결과를 적용할 수 있는지 의문이 들 수도 있다. 그런데 역사적으로 기본소득 실험은 서구에서 먼저 실시되었다. 그리고 여기서도 긍정적인 결과가 확인되었다.

2004년, 캐나다 매니토바대 에블린 포르제Evelyn Forget 교수는 매니토바주 위니펙시의 한 창고 다락방에 30년 동안 잠들어 있던 상자 2000여 개의 존재를 알게 되었다. 이 상자들 안에는 약 1000명의 인터뷰 기록·통계·그래프 등의 자료가 가득했다. 그것은 1970년대 이 지역에서 실험된 현금 지급 프로젝트, '민컴 Mincome'의 결과 기록물이었다.[7]

포르제 교수는 캐나다 국립기록원에 자료 접근 요청을 보냈고, 5년 만에 승낙을 받아냈다. 일반인은 물론 대부분의 정부 공무원조차 민컴이라는 프로젝트가 있었다는 사실을 몰랐다. 그러나 창고 다락방에 묻혀 있는 자료들은 커다란 의미를 갖고 있었다. 그것은 우리가 사는 '현재'와 전혀 다른 모습의 '미래'를 탐색했던 '과거'의 흔적이었다.

1973년 3월, 캐나다 정부는 위니펙시 북서부에 위치한, 주민 약 1만3000명의 작은 마을 더핀Dauphin을 역사적인 실험의 대상으로 삼았다. 이 마을 주민의 약 30%에 해당하는 1000여 가구가 빈곤선 이하의 소득으로 살고 있었다. 하루하루 생계를 꾸리며 살던 주민들은 어느 날 양복을 입고 찾아온 사람들로부터 민컴 프로젝트 수급자로 선정되었다는 소식을 전해 들었다. 그것은 더 이상 생활비 걱정을 하지 않아도 된다는 뜻이었다.

캐나다 정부는 8300만 달러를 투입하여 더핀 마을 1300여 가구에게 각각 해마다 3300달러(4인 가족 기준. 지금 가치로 약 1500만 원)를 지급했다. 이 프로젝트는 4년 동안 지속되었다. 그동안 경제학자·사회학자·심리학자 등 온갖 분야의 연구자들이 더핀에 찾아와 민컴이 일으키는 변화를 연구했다. 하지만 1970년대 말 세계 경제가 불황으로 빠져들면서 캐나다에도 보수 정부가 들어섰고 긴축 재정이 시작되었다. 프로젝트에 지원이 중단될 것을 예견한 연구자들은 그 동안의 연구 데이터를 정리해 상자에 보관했다. 그 후 캐나다의 경제 상황과 정치 상황은 이 데이터를 활용한 후속 연구가 원활하게 진행되는 것을 가로막았다.

30년 후 포르제 교수는 상자에 든 자료를 분석해 민컴이 매우 성공적이라는 것을 확인했다. 가난한 사람에게 돈을 주면 일을 안 하고 아이만 더 낳을 것이라는 예측과는 다르게, 젊은이들의 결혼 연령은 다소 높아졌고 출산율은 낮아졌다. 노동시간은 남성의 경우 약 1% 줄어들었고, 결혼한 여성이 약 3% 그리고 미혼 여성은 5%가량 줄어들었다. 남성 생계 부양자는 민컴 지원을 받으면서도 하던 일을 줄이지 않았다. 여성의 노동시간이 줄어든

1970년대 '매니토바의 위대한 실험'으로 불리는 민컴 프로젝트가 시행됐던 캐나다 매니토바 주의 작은 마을 더핀. 2000개의 상자에 보관된 이 프로젝트의 성과는 기본소득이 저개발국가뿐만 아니라 이른바 선진국 사회에도 충분히 매력적인 제도임을 말해준다.

이유는, 결혼한 여성이 어린 아이의 육아에 집중하고 10대 미혼 여성이 가족의 부양을 위해 학교를 중퇴하라는 압박을 덜 받게 되었기 때문이다. 민컴이 실시되던 기간에 범죄율이 42% 감소했고, 자가 주택 비율은 4~6% 증가했다. 빚은 줄고 저축은 늘었으며, 주민의 병원 입원율이 8.5% 감소했는데 특히 정신과 치료가 눈에 띄게 줄었다. 이는 앞으로 기본소득이 시행된다면 선진국에서 공공의료 지출을 상당히 절감하는 효과를 낳을 수 있음을 의미한다.

1970년대 초 미국에서도 현금 지급 프로젝트가 진행되었다.

뉴저지주의 1357가구, 인디애나주 게리시의 1800가구, 시애틀시와 덴버시에서 선택된 809가구가 정기적인 현금 급여를 받았고 그밖에 펜실베이니아주, 노스캐롤라이나주, 아이오와주에서도 비슷한 실험을 했다. 실험 결과는 더핀과 마찬가지로 고무적이었다. 기본소득을 받는다고 TV 앞에 하루 종일 죽치고 있는 사람은 없었다. 약간의 노동시간 감소는 나타났지만, 그 시간에 사람들은 학교 공부를 하거나 새 직업을 구하느라 기술을 익히거나 아니면 가족과 함께 보냈다. 뉴저지와 시애틀·덴버에서 고교 졸업율은 각각 25%, 11% 증가했다.[8]

그런데 시애틀에서 '걱정스러운' 결과가 보고되기도 했다. 이혼율이 50%나 올라갔다고 나타난 것이다. 이 결과는 프로젝트에 주목하던 사람들에게 꽤 큰 충격을 주었고, 기본소득에 대한 반대 여론을 자극했다. 현금 지원은 여성을 과하게 자유롭게 만든다?! 이는 노동의 감소보다 당시 사람들을 (그러니까 남성들을) 더 두렵게 만드는 일이었다.(나중에 조사된 바에 따르면 수치는 과장된 것이었고 실제 이혼율 변화는 미미했다.)

어쨌든 사회가 보수적인 분위기로 돌아서던 1970년대 말의 흐름에 휩싸이면서, 이런 실험들은 전국적 기본소득 도입이라는 실제적 성과로 이어지지 못한 채 깊이 잠들어버렸다. 그럼에도 그 의미는 적지 않다. 기본소득은 선진국에서도 충분한 가능성을 확인했다는 것, 무엇보다 기본소득은 '노동 포기'로 이어지지 않는다는 것이다.

최근 기본소득이 실업과 불평등의 현실적인 대안으로 떠오르며 핀란드·네덜란드·캐나다·미국 등에서는 다시 실험 프로젝트들을 시작했거나 준비중이다. 인상적인 것은 독일의 사례다. 2014년 독일에서는 '마인 그룬트아인콤멘Mein Grundeinkommen(나의 기본소득)'이라는 민간 기본소득 프로젝트가 시작되었다. 이 프로젝트는 크라우드 펀딩으로 재원을 마련하고, 신청자 가운데 추첨하여 뽑은 시민에게 1년 동안 기본소득을 주는 것이다. 기본소득 액수는 월 1000유로(약 130만 원)로, 2016년까지 독일 시민 50여 명이 기본소득을 받았거나 받고 있다.

프로젝트 책임자 아미라 예히아Amira Jehia는 말한다. "기본소득을 받은 다음에 '베짱이'가 된 사람은 단 한 명도 없었다. 실직 상태였던 3명은 직업훈련이나 추가 교육을 받는 데 기본소득을 사용했다. 직장을 그만두더라도 학교 진학이나 교육 프로그램 등록 등 새로운 길을 찾아가려고 노력한다. 오히려 자신이 받은 기본소득의 일부를 다시 기부한 사람이 65%나 된다."9

예히아는 프로젝트 수혜자인 젊은 남성 크리스토프를 소개한다. 크리스토프는 유치원 교사가 되는 것이 꿈이었으나 생업에 바빠 교사 교육을 받지 못했다. 그는 기본소득 대상자로 뽑히자 다니던 콜센터를 그만두고 유치원 교사 교육 프로그램에 등록했다. 결국 유치원 교사가 된 그는 자신이 "지금 다니는 유치원에서 유일한 남성 교사"라며 자랑스러워한다. 예히아는 기본소득이 퇴직자나 실업자가 노동시장에 재진입하는 계기가 될 수 있다고 말한다.(한국에서도 『한겨레21』이 독일을 벤치마킹해 '기본소득 월 135만원 받으실래요?' 펀딩 프로젝트를 시작했다.)

신중하게 말하자면, 지금까지의 기본소득 실험에서 나온 결과가 장차 실제로 기본소득을 도입했을 때도 똑같이 나타나리라는 보장은 없다. 실험은 한정된 기간에 이뤄졌으므로 사람들은 실험이 끝났을 때를 대비해 매우 계획적으로 돈을 쓴 것일지도 모른다. 기본소득이 기간의 한정 없이 전면 실시될 때에 어떤 결과가 나올지 지금으로서는 예측하기 힘들다. 하지만 분명한 것은 이제까지의 실험에서 기본소득을 부정적으로 보는 이들이 우려하는 문제는 발생하지 않았으며, 이러한 실험에서 찾아낸 퍼즐 조각을 맞춰가는 노력 없이 현 사회의 대안을 만들 수는 없다. 그러므로 지금 진행중인 프로젝트들에 주의를 기울이고, 성남시 청년배당과 같은 실험을 보다 많은 지역으로 확대하는 것이 필요하다.

체로키 인디언,
가난의 고리를 끊다

기본소득은 역사적으로 누적된 빈곤을 해결하기도 한다. 미국 인디언 체로키족의 이야기다. 기본소득이 생긴 후 체로키족에게 나타난 변화는 가난한 사람에 대한 편견을 일축한다.

아메리카대륙 원주민인 인디언은 대평원을 누비고 자연과 조화롭게 살던 사람들이었다. 그런데 인디언 부족 중에도 백인 문명을 빨리 받아들여 서구적인 학교·관공서·공장을 세우고 운영한 이들도 있었다. 바로 체로키족이다. 체로키족은 인디언은 미개해서 유럽 문명을 이해할 수 없을 거라는 백인의 편견을 보기 좋게 깨뜨렸다.

체로키족의 서구화가 진전되지 못하게 가로막은 이들은 다름 아닌 백인이었다. 그들은 인디언을 조상 대대로 살아오던 곳에서 쫓아내 좁은 보호구역으로 몰아넣었다. 한겨울에 변변한 옷과 식량도 없이, 총 든 백인 군인에게 위협당하면서 체로키족은 보호구역까지 1900km를 걸었다. 도중에 얼어 죽거나 굶어죽은 이가 4000명에 달했다. 이 이주는 '눈물의 행진'으로 불린다. 백인들이 이런 막무가내 이주를 강요한 것은 체로키족의 땅에 면화를 심기 위해서였다. 자기들의 거주지를 잃고 보호구역에 들어간 인디언들은 약간의 보조금을 받고 관광객에게 기념품이나 팔며 살아야 했다. 미래에 대한 희망이나 현실을 바꿀 의지가 생겨나기 힘들었다. 많은 인디언 후손이 술에 의지한 채 무기력한 삶을 살아갔다.

1990년대 들어 체로키족은 부족의 미래를 위해 과감한 결정을 내린다. 1997년 11월, 미국 노스캐롤라이나주 그레이트 스모키 마운틴에 대형 카지노가 문을 열었다. 객실이 1000개에 스위트룸만 100개에 이르는 호화 호텔이 세워졌고, 레스토랑·상점·

수영장·피트니스 센터가 카지노 주변에 개장했다. 이 카지노 단지의 소유자는 개인이 아니라 그곳에 살던 체로키족이었다. 이전에도 발 빠르게 백인 문화를 흡수하여 근대화를 좇아본 경험이 있는 체로키족이 지난 10년간 주 정부에 허가를 요청해온 결과였다.

사실 주지사와 체로키족의 원로들은 카지노 개장에 반대했다. 카지노가 술·범죄·나태함을 가져와 지역과 부족을 망칠 것이라고 확신했기 때문이었다. 그러나 시간이 지나면서 카지노 단지는 부족에게 저주가 아니라 구원이었음이 분명해졌다. 카지노 단지에서 얻는 이익을 체로키족 전체를 위해 현명하게 사용한 결과였다.

2004년에서 2010년까지 카지노 단지의 수익은 3배 가까이 늘었다. 체로키족은 이 수익금으로 체로키 아이들을 위한 학교, 부족을 위한 병원, 소방서 등을 지었다. 그리고 또 하나의 중요한 결정이 이뤄졌는데, 수익금의 큰 몫을 떼어 아이를 포함한 8000여 체로키족 각각에게 배당금으로 분배하기로 한 것이다. 배당금은 처음에 1인당 500달러였다가 2001년에는 1인당 6000달러로 증가했다.[10]

마침 1993년부터 듀크대 교수인 제인 코스텔로Jane Costello가 그레이트 스모키 마운틴 일대에서 청소년의 정신건강을 연구하고 있었다. 코스텔로는 매년 약 1400명의 청소년에 대한 정신의학적 테스트를 실시했는데, 그중 4분의 1이 체로키족 아이들이었다. 그리고 체로키족 아이들의 절반은 빈곤선 이하의 가정에서 살고 있었다. 코스텔로는 연구를 통해 청소년 행동장애가 빈곤과 높은 상관성을 가진다는 사실을 확인했다.

그런데 체로키족이 카지노 배당금을 기본소득으로 지급한 시점부터 변화가 나타나기 시작했다. 저소득층 체로키 아이들에게서 확인되던 행동장애가 40%나 줄어든 것이다. 보통의 아이들에서 나타나는 정도와 비슷했다. 그뿐만 아니라 체로키 아이들 사이에 청소년 범죄와 약물 문제가 줄어들었고 학교 성적이 올라갔다. 다른 청소년들의 성적과 비교해도 꿀리지 않았다. 연구가 종료되고 10년 후 다시 확인해보니, 빈곤에서 탈출한 체로키족 아이들이 청년이 되었을 때 체로키족이 아닌 청년집단에 비해 오히려 범죄율이 낮은 것으로 나타났다. 기본소득이 국가가 경찰력과 교정시설에 들이는 비용을 절감할 수 있음을 의미한다. 카지노 배당금은 체로키족 가정의 음식이나 주거의 질을 개선한 것은 물론, 불안정한 소득 때문에 생기는 부모의 우울증도 줄여 주었다. 정신건강이 호전된 부모는 아이에게 더 나은 부모가 되려고 노력했다.

가난이 아이들의 성장에 정신적으로나 육체적으로 해로운 영향을 준다는 이야기는 그리 새로운 내용은 아니다. 체로키족 이야기에서 중요한 것은 가정의 소득이 증가하자 아이들의 상태가 매우 빠르게, 심지어 가난한 적 없던 아이들보다 빠르게 개선되었다는 점이다.

이는 다른 과학적 연구로도 뒷받침이 된다. 컬럼비아대 유아 발달연구소 킴벌리 노블Kimberly Noble 교수는 고소득 가정 아이와 저소득 가정 아이의 뇌를 자기공명 촬영하여 저소득 가정 아이의 뇌 표면적이 상대적으로 작다는 것을 확인했다. 뇌 표면적의 증대는 지능의 향상과 상관관계가 있다. 넉넉한 집 아이는 뇌에 많은 자극을 받으며 자라는 반면, 가난한 집 아이는 그럴 기회가 적고 담배 연기나 유독 물질에 노출될 위험도 크다. 그런데 노블은 논문에서 "특히 저소득층 가정일수록, 가정 소득의 작은 변화가 뇌 표면적에 큰 차이를 이끌어내는 것으로 밝혀졌다"고 지적한다.[11] 저소득 가정에서 소득 상승은 일반 가정에 비해 아이들의 언어 능력과 사회성 발달에 더 강한 영향을 미치는 것이다.

부모의 빈곤은 아이들의 성장 과정에 고스란히 스며든다. 성남에서 노동상담을 하는 L씨는 일찍 결혼하고 애를 낳아 기르는 젊은층의 이야기를 들려준다. L씨는, 생계형 아르바이트를 하다가 일찍 결혼해 아이를 낳아 키우는 젊은 여성들을 상담 모임에 초청한 적이 있다. 모임 자리에서 L씨는 무척 당황했다고 한다. 아이들은 통제 불능으로 뛰어다니고 엄마는 아이에게 심한 욕을 거침없이 해댔기 때문이다. 부모의 부정적인 언어 습관이 아이에게 부정적인 영향을 주리라는 것은 상식이다. 그렇게 자라난 아이의 미래는 그리 밝지 못할 것이다.

빈곤의 대물림을 끊어내는 방법은 다른 데 있지 않다. 그들에게 가장 필요한 것, 소득을 제공하면 된다.

가난한 사람은
바빠서 가난하다

　　　　　　　　　　가난한 사람에게 돈을 주어서는 안 된다
는 생각에는, 그들이 게으르고 절제력이 없어서 가난하다는 전
제가 깔려 있다. 그 전제를 믿는다면, 기본소득 지급은 이런 성격
의 결함을 더 키워서 그들이 영영 가난에서 벗어나지 못하게 만
들 것이다. 그러나 그 전제는 과학적으로도 반박된다.

　미국 뉴저지주의 쇼핑몰에서 설문조사 조사원들이 카트를 몰
고 가는 쇼핑객들을 세워 질문했다. 차가 고장나 정비소에 갔는
데 수리공이 '다 고치는데 150달러가 들겠다'고 말했다. 당신이
라면 지금 150달러를 내고 차를 고칠 것인가, 아니면 수리를 후
일로 연기할 것인가?

　한편 조사원들은 수리비 액수만 바꾼 설문조사도 함께 진행했
다. 차 수리에 1500달러가 든다면 차를 지금 고치겠는가, 아니면
다음에 고치겠는가? 수리비를 150달러 대신 1500달러로 높인
것이다. 조사원들은 설문조사에 응답한 사람들의 소득 수준도
확인했다. 이 기이한 설문조사에는 사실 숨은 뜻이 있었다.

　응답자들은 차를 지금 고칠지 나중에 고칠지 대답했지만 그
대답 자체는 별로 중요하지 않았다. 응답자들이 대답을 고민하
는 동안, 조사원들은 사소해 보이는 몇 가지 인지능력 테스트를
응답자에게 제시했다. 인지능력 테스트 결과를 종합해보니, 차
수리비로 150달러가 드는 상황에서는 응답자가 고소득층이든

저소득층이든 인지능력 테스트 점수에 거의 차이가 없었다. 그런데 차 수리비가 1500달러인 상황에서는 테스트 점수에 차이가 발생했다. 저소득층이 고소득층보다 테스트 점수가 낮았던 것이다. 왜 그럴까?

차 수리비가 많이 든다고 느끼면 머리가 복잡해진다. 내가 당장 그 돈을 지불할 수 있을까? 돈을 빌려야 하나? 빌린다면, 돈을 갚기 위해 일을 하나 더 해야 하나? 아이들 대학 등록금을 위해 저축해둔 돈을 써야 할까? 여러 가지 생각이 머릿속에 떠오른다. 그러면 인지능력 테스트에 제대로 반응하기 어렵다. 따라서 높은 점수를 받기도 힘들다. 반면 고소득층에게는 150달러나 1500달러나 자신의 경제력에 비춰 사소한 금액이다. 그들에게는 인지능력 테스트에 제대로 답할 충분한 정신적 여유가 있었던 것이다.

이 실험을 실시한 이들은 프린스턴대 심리학 교수 엘다 샤퍼 Eldar Shafir와 하버드대 경제학 교수 센딜 멀레이너선 Sendhil Mullaina-than이다. 그들은 이러한 일련의 실험과 연구를 거쳐 빈곤에 관한 혁신적인 이론을 제시했다. 그 이론에서 흥미로운 개념은 '정신적 처리량mental bandwidth'이라는 것이다.[12]

컴퓨터의 성능은 프로세서가 자료를 처리하는 속도에 달려 있다. 동시에 여러 작업을 처리하려 들면, 작업 개수가 늘어날수록 컴퓨터가 느려지다가 어느 순간 먹통이 되고 만다. 처리량의 한계에 다다랐기 때문이다. 샤퍼는 가난한 사람이 종종 근시안적이고 현명하지 못한 결정을 하는 이유는, 그들이 원래 우둔하거나 게으르기 때문이 아니라고 한다. 그들의 열악한 환경이 일상적으로 너무 많은 고민거리를 안겨주기 때문에 그들의 정신적 처리량이 한계에 부딪친다는 것이다. 쇼핑몰 실험은 두 사람의 이론을 뒷받침한다.

그러나 쇼핑몰 실험에서 응답자는 고소득층 / 저소득층으로 나뉘어 있었다. 한 사람이 소득 수준이 달라질 때 테스트 점수도 달라지는지 확인한 것은 아니어서, '가난한 사람은 지능이 떨어지기 때문에 가난한 것'이라는 통념을 완전히 반박했다고 할 수는 없었다. 샤퍼와 멀레이너선은 인도의 사탕수수 농부들에게서 완벽한 실험 조건을 발견했다. 인도 사탕수수 농부들은 연간 소득의 60%를 추수기에 거둔다. 추수기에는 생활수준이 넉넉해지지만, 나머지 기간에는 대체로 궁핍하다. 농부들에게 추수기와 추수기가 아닌 기간에 각각 인지능력 테스트를 해보니, 추수기에 한 테스트 결과가 확실히 높았다. 한 사람이 가진 인지능력이 그의 경제적 상황에 따라 달라짐을 확인한 것이다.

가난한 사람은 오늘 어떻게 식사를 때울지, 다음달 생활비는 어떻게 마련할지, 청소년 자녀의 학원비와 아픈 부모님의 치료비는 어떻게 마련할지 끊임없는 고민거리를 안고 살아간다. 가난한 사람의 정신적 처리량은 언제나 '맥스' 상태다. 샤퍼와 멀레이너선은 이를 두고 정신적 처리량에 매겨진 세금이라고 한다. '백수가 과로사한다'는 말은 농담이 아니다. 가난한 사람일수록 시급히 처리해야만 하는 일에 늘 짓눌린다.

사람은 돈이든 시간이든 인간관계든 결핍감을 느끼면 그것을 채우기 위해 그 문제에 집중한다. 샤퍼는 이를 '결핍 사고scarcity mentality'라고 부른다. 국가간 외교관계가 험악해져서 대통령이 외국 수반과 협상에 집중하는 것이나, 잡힐 듯 잡히지 않는 범인을 잡는 데 형사가 몰두하는 것이나, 가난한 싱글맘이 갑자기 몸이 불덩이처럼 뜨거워진 아기의 병원비를 구하기 위해 동분서주하는 것이나 문제에 집중한다는 점에서는 같다. 사안이 다를 뿐 문제에 집중하여 해결책을 찾는 능력은 누구나 갖고 있다. 오히려 가난한 사람은 생활 현장의 단기적 문제를 해결하는 일에서는 대기업 CEO보다 유능할 수 있다. 어디 가야 식재료를 싸게 구할 수 있는지, 지하철과 버스를 이용해 가장 빨리 이동하는 방법은 무엇인지 등으로 경쟁한다면 가난한 주부가 대학 총장을 거뜬히 이길 것이다.

그러나 끊임없이 단기적인 문제에 매달리다 보면, 장기적 문제에 대응하는 능력이 떨어지게 된다. 이미 너무 많은 일을 처리하고 있어서 정신적 처리량에 여유가 없기 때문이다. 그런 상태에서 보다 신중한 판단이 필요한 장기적 문제에 마주하게 될 때, 그의 뇌 능력은 그 문제를 해결하기에는 너무 저하되어 있다. IQ로 말하면 지수가 13에서 14 정도 낮아진 상태와 비슷하다고 한다. 일상적인 문제를 처리하느라 과부하가 걸린 뇌는 전날 잠을 푹 자지 못했거나 숙취에 시달릴 때와 유사한 부담을 느낀다.

그래서 그들은 눈앞의 문제를 떠나 장기적인 인생 계획을 세우는 일을 어려워한다. 또 단기적인 욕구 충족이 미래에 좋지 않은 부메랑으로 돌아올 가능성에 대해서도 깊게 고민하기 힘들다. 결국 미래에 투자할 수 없으니 단기적 문제들도 개선되지 않고, 다시 눈앞의 일을 해결하느라 미래를 보지 못하는 상황이 반복된다.

때로 가난한 사람이 주변에 퉁명스럽고 불친절해 보이는 데도 이유가 있다. 백인 학생에게 그들에게 익숙지 않은 중국식 닭발 요리를 내놓고 반응을 보는 실험에서, 일부 학생에게 여덟 자리 숫자를 외우라는 과제를 주자 그들은 그런 과제를 받지 않은 학생보다 '이 따위 음식이 어디 있어?' 같은 말을 더 많이 내뱉었다. 정신적 처리량에 과부하가 걸리자 행동 절제 능력이 떨어진 것이다.[13] 우리가 가끔 만나는 불친절한 점원이나 택시 기사는 해결해야 하는 일상적 결핍 문제들로 머리가 꽉 차 있을지 모른다. 하지만 그들의 태도는 대개 '교양 없음'으로 인식되고, 그들이 더 나은 일과 소득의 기회를 얻는 데 제약이 된다.

샤퍼와 멀레이너선의 말대로라면, 가난한 사람은 다른 데 신경 쓸 여유를 가지지 못했으며 인내심을 가지고 미래를 설계하기 힘든 정신적 피곤 상태에 있다. 빈곤을 없애려면 사람들의 성격이 아닌 그들의 결핍 상태를 해결해야 한다.

기본소득은 사람들의 결핍을 메운다. 기본소득은 눈앞의 급박한 문제 때문에 정신적 처리량이 꽉 차지 않도록 해준다. 월세며

생활비며 병원비를 어디에서 구할지 고민하지 않게 되면, 사람들은 정신적 처리량의 더 많은 부분을 자기 미래를 설계하는 데 돌릴 수 있으며 나아가 주변 사람과 공동체에도 더 관심을 기울이게 된다. 사회 전체적으로 활용가능한 정신적 처리량이 늘어나는 것이다. 이는 사회의 발전에도 긍정적으로 기여한다.

스피넘랜드법은 실패하지 않았다

가난한 사람에게 기본소득을 지급하면 '재앙'이 오리라는 이상한 편견은 어디에서 비롯된 것일까? 그것을 이해하려면 사회복지제도의 역사에서 중요한 계기인 '스피넘랜드법Speenhamland law'을 둘러싼 이야기로 들어가야 한다. 스피넘랜드법은 종종 처참하게 실패한 제도라고 이야기된다. 그리고 이 실패로 말미암아, 빈곤층에게 조건 없이 소득을 제공해서는 절대로 안 되며 복지는 반드시 근로 의무와 연계해야 한다는 생각이 진리처럼 퍼졌다. 하지만 스피넘랜드법과 관련한 역사는 다시 해석되어야 한다.

1795년 봄, 영국 노동자와 빈민들의 분위기가 심상치 않았다. 한 해 전 농사가 흉작인데다가 프랑스에는 혁명이 일어나고 있어 곡물 수입도 막혔다. 대중은 기아에 지치고 분노했다. 혁명의 불씨가 곧 영국으로 넘어올 기세였다. 영국 남부 버크셔주 치안판사들은 무언가 혁신적인 빈민구제책이 없으면 곧 큰일이 닥치리라는 위기의식을 느끼고 있었다.(치안판사는 오늘날 시장·재판장·경찰서장을 합친 직위와 비슷하다.)

치안판사들은 스피넘랜드에 있는 한 여관에 회합해 머리를 맞댔다. 그들은 성인 남자를 기준으로 1주일에 빵 12kg에 해당하는 소득이 최소한으로 필요하다고 보고, 노동자의 임금이 그 소득에 못 미칠 때는 보조금을 지급하기로 결정했다. 보조금의 액수는 가족 수대로, 빵 가격의 변동에 따라 정하기로 했다. 한 가족이 필요한 최저생계비를 정하고 그보다 적게 버는 가족에게는 차액을 보조해주기로 한 것이다. 보조금은 지방의 구빈세救貧稅로 충당하기로 했다. 누구든 노동 여부에 상관없이 최소소득을 보장하기로 한 이 제도는 '스피넘랜드법'으로 불렸다.[14]

사실 영국에서 최초의 사회복지는 교회가 실시한 자선과 빈민구제였다. 16세기, 상업이 발달하고 지주들이 농토를 상업적인 양 목장으로 바꾸는 '인클로저'를 여기저기에서 추진하면서, 수많은 농민들이 토지를 잃고 거지꼴로 떠돌았다. 유랑 빈민이 폭도로 돌변하지 않도록 관리해야 했으므로 빈민 구제의 책임은 서서히 교회에서 국가로 넘어왔다. 마르크스의 『자본론』에도 나와 있듯이 헨리 8세 통치하에서 빈민은 붙잡히면 강제 노역에 처해졌는데, 이를 거부하고 도망치다 잡히면 처음에는 낙인을 찍고 나중에는 교수형이 떨어졌다.

엘리자베스 1세는 그전까지의 여러 빈민 구제 조치를 망라해서 빈민법을 제정했다.(1601년) 이른바 '엘리자베스 빈민법'의 핵심은 노동 능력이 있는 빈민과 노동 능력이 없는 빈민을 엄격히 구분하는 것이다. 건강한 거지라고 불린, 노동 능력이 있는 빈민은 강제 노역장에 배치되거나 지방 행정관의 관리를 받으며 입에 겨우 풀칠할 임금을 받고 지주에게 보내졌다. 노동을 거부하는 빈민은 감옥행이었다. 노동 능력이 없는 노인·병자·장애인·아이가 있는 여성은 구빈원에 모아놓고 목숨만 근근이 이을 식사와 생필품을 제공했다. 고아나 부모의 부양을 기대할 수 없는 아이들은 위탁가정에 보내졌다. 그들은 조금 크면 도시 상공인의 도제로 들어갔다.

엘리자베스 빈민법은 조금씩 바뀌더라도 그 틀이 유지되었다. 하지만 스피넘랜드의 치안판사들은 더 이상 과거의 법이 효과가 없다고 판단했다. 스피넘랜드법은 노동 능력에 따른 구분을 없앴고, 빈민들은 이를 환영했다. 스피넘랜드법은 영국 남부로 빠르게 확산되었다. 노동자 가정이 생계수단인 빵을 안정적으로 얻게 되자 궁핍은 줄었고 반란의 기미도 잦아들었다. 스피넘랜드법이 효과가 있는 것으로 보이자, 정부는 이 법을 영국 전체의 국법으로 정하려고 했다.

그러나 보수파는 스피넘랜드법에 반대했다. 그들은 빈민은 굶주려야만 일을 한다고 주장했다. 토머스 맬서스는, 인구 증가 속도가 항상 식량 생산 속도보다 빠르므로 빈민을 원조하면 그 수가 감당할 수 없을 정도로 늘어 결국 기아의 고통을 피할 수 없다고 주장했다. 데이비드 리카도 역시 스피넘랜드법 때문에 사람들이 노동을 기피하고 생산이 떨어질 것이며, 그러면 프랑스혁명 같은 재앙이 온다고 비판했다.

1830년 늦여름, 실제로 거대한 봉기가 터졌다. "빵이 아니면 죽음을!"이라고 외치면서 수천 명의 농업 노동자들이 지주의 저택으로 쳐들어갔고 지주가 도입한 최신식 탈곡기를 부수었다. 그들은 임금이 삭감되었다며 거세게 항의했다. 정부는 군대로 봉기 군중을 진압하고 주동자를 교수형에 처했으며 2000명을 국외 추방했다. 이어 정부는 농촌 빈곤의 실상을 파악하기 위해 왕립 조사위원회를 구성했다. 조사위원회는 스피넘랜드법도 조사했다. 수백 명의 인터뷰와 자료를 종합해 조사위원회는 1만 3000페이지의 보고서를 작성했다. 결론은 이랬다. "스피넘랜드는 재앙이다."

조사위원회는 보고서에서 스피넘랜드법 시행 후 노동자의 삶이 타락했고 궁핍해졌다고 주장했다. 노동자들은 게을러졌다. 최소소득이 보장되기 때문이다. 임금이 떨어졌다. 고용주들이 정부가 어차피 보조금을 줄 것이라며 노동자 임금을 낮추었기 때문이다. 노동자의 성性 도덕이 문란해지면서 인구가 빠르게 늘어 궁핍의 원인이 되었다. 원조를 기대하고 스스로 빈민이 되는 이들도 있었다. 국가의 빈민 구제 예산은 증가했다. 한마디로 스피넘랜드법은 부도덕의 원천이었다.

이 보고서 이후 좌파와 우파를 막론하고 지식인들은 스피넘랜드 제도가 철저히 실패했다고 믿었다. 마르크스는 이 보고서를 분석한 후, 정부의 빈민 구제 보조금은 고용주들이 임금을 생계수준 이하로 떨어뜨리면서 이득을 보게 하는 수단에 불과하다고 결론 내렸다. 마르크스는 노동자들에게 필요한 것은 복지가 아니라 혁명이라고 여겼다. 칼 폴라니는 스피넘랜드법이 실패한 후 자유경쟁적인 노동 시장이 출현했다고 말한다. 폴라니는 스피넘랜드법이 노동

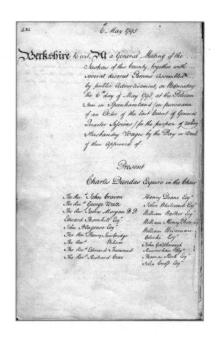

1795년 5월 6일 스피넘랜드의 펠리칸 여관에서 기초된 스피넘랜드법. 일종의 최저생계보장 제도였던 이 법은 수세기 동안 좌우를 막론하고 게으름과 궁핍, 농민봉기의 악순환을 불러온 원흉으로 지목돼왔다.

력 상품화를 지연시켰음을 인정하면서도, 그 제도 아래에서 인간과 사회가 품위를 잃고 추락했다고 안타까워했다.

우파 학자와 정치인에게 스피넘랜드법의 역사적 교훈은 더욱 명확했다. 최소소득 보장과 같은 망상은 두 번 다시 있어서는 안 된다. 그것은 나태·궁핍·생산성 하락으로 직결된다. 빈민 구제는 노동할 능력이 전혀 없는 이들에게 국한해 이루어져야 한다.

노동할 능력이 있는 이들은 불가피하게 원조를 받는다 하더라도 그 사실을 창피하게 느껴야 하며, 원조는 노동 동기가 사라지지 않게끔 매우 부족한 수준에 머물러야 한다.

그런데 스피넘랜드법은 정말로 실패했을까? 최근 역사학자들은 영국 왕립 조사위원회의 조사가 매우 부실했으며 편견에 차 있었음을 확인했다. 위원회의 책임자들은 빈민에게 우호적인 이 법에 처음부터 반대했으며, 인터뷰 질문지는 답을 한쪽으로 유도하는 질문들로 채워졌다. 인터뷰한 대상은 실제 보조금을 받는 노동자가 아니라 지방의 보수적 엘리트나 성직자들이었다. 그들은 빈민이 천성적으로 사악하고 게으르다고 믿는 사람들이었다.

역사학자들의 결론에 의하면 스피넘랜드법은 성공적이었다. 노동자들은 나태해지지 않았다. 노동자의 소득이 증가해도 보조금이 바로 사라지지 않고 어느 정도까지는 지급되었기 때문에 일을 그만두지 않을 동기가 있었다. 지주들이 임금을 깎으려 했지만, 1790년에서 1830년까지 경기가 상승하면서 노동력을 구하기 위한 지주들의 경쟁이 치열해져 임금 수준은 유지되었다. 스피넘랜드법이 실시된 곳은 알려진 것보다 적었기 때문에 그 지역 일대 궁핍의 원인을 스피넘랜드법에 돌리는 것은 무리다. 게다가 1830년 농촌 봉기의 배경이 된 궁핍과 임금 삭감은 스피넘랜드법 때문이라 할 수 없었다. 1819년에 실시된 새로운 화폐 제도로 물가가 치솟았고, 자동 탈곡기가 출현해 수천 명의 일자리를 날려버렸다. 생산성이 오르는데도 사람들이 궁핍해진 것은 이 때문이었다.

스피넘랜드법이 봉기를 부른 것이 아니라, 이 법이 없었다면 더 빨리 터질 수 있는 봉기를 오히려 지연시켰다고 보는 학자도 있다. 이 법은 사회와 경제의 변혁기에 대중의 생활을 안정시켰고 지속적인 경제 발전을 가능하게 했다는 것이다. 역사가 사이먼 스레터Simon Szreter는 스피넘랜드법처럼 빈곤을 막는 제도 덕분에 영국이 세계 패권국가로 성장할 수 있었다고까지 말한다.[15]

1834년, 스피넘랜드법은 완전히 폐지되었다. 최저생계 보장을 인간의 기본권으로 본 법, 최초로 현금 지급 방식을 택한 복지제도는 사라졌다. 그 뒤를 이은 '신빈민법'은 무자비했다. 영국 정부는 빈민을 나태와 타락에서 구한다는 명분 아래 다시 강제 노역장에 보내어 노예보다 심하게 일을 시켰다. 강제 노역장에서는 아침과 저녁 두 끼 식사와 허름한 옷을 제공했고, 남자 수용자는 머리를 박박 밀었으며, 노동시간은 새벽 4시부터 밤 10시까지였다. 돌을 깨고 연자방아를 돌리는 중노동이 강제됐으며, 식사 시간을 넘겨 밥을 먹거나 작업장을 무단으로 이탈하거나 감독관에게 저항할 경우 채찍질·배식 중단·지하감옥 감금 등 형벌이 가해졌다. 강제노역장에 가면 가족과도 헤어져야 했고, 아이들은 헐값에 공장에 넘겨지곤 했다. 죽은 아이는 외과 병원에 해부용 시신으로 판매되었다.[16]

스피넘랜드법에 대한 잘못된 평가는 잘못된 교훈, 즉 가난한 사람에게는 엄격한 관리와 규율이 필요하며, 노동 능력이 있는 사람에게 무조건적인 복지를 제공해서는 안 된다는 생각을 낳았다. 그러나 스피넘랜드의 진짜 교훈은 알려진 것과는 정반대다. 생계를 보장하는 최소소득을 기본권으로 제공할 때 노동자의 복지와 경제 발전을 함께 추구할 수 있다. 결국, 가난한 사람에게 공짜 돈을 주면 문제를 악화시킨다는 생각은 선입견에 불과한 것이다.

하지만 그렇다고 해도 기본소득에 대한 심리적 거부감이 다 사라진 것은 아니다. 이른바 '노동윤리' 때문이다.

3장

일이냐 삶이냐

———

행복과 번영에 이르는 길은

조직적으로 일을 줄여나가는 데 있다.

— 버트런드 러셀

———

수많은 사례들이 기본소득과 나태함 사이에 아무런 관계가 없음을 보여주고 있지만, 기본소득에 반대하는 사람들은 그래도 계속 문제제기를 한다. 그들은, 노동 없이 돈을 주는 것은 다른 문제를 떠나 윤리적으로 옳지 않다고 이야기한다. 그들이 말하는 윤리는 노동윤리라 불린다. 노동윤리를 상징적으로 표현하는 문장은 『신약성서』에서 사도 바울이 그리스 테살로니카의 기독교 공동체에 보내는 편지에 등장한다. "일하기 싫은 사람은 먹지도 말라."

　비판자들은 기본소득에 윤리적 문제가 있다면, 설령 효과나 필요성이 인정된다고 해도 받아들여서는 안 된다고 말한다. 실제로 노동윤리는 사람들의 인식과 정서에 깊이 스며들어 현실에 막대한 영향을 준다. 그러므로 이 노동윤리가 과연 정당한지 따져보지 않을 수 없다.

늦게 온 그 사람에게도
똑같이 주어라

　　　　　　　우선, 노동윤리는 정말 그렇게 장구한 역사를 갖고 있는 것일까? 사도 바울의 편지글을 보자면 기독교 전통은 노동윤리와 매우 친화적인 것으로 보인다. 그러나 바울이

저런 당부를 한 것은 특수한 사정이 있었음을 고려해야 한다. 당시에는 초기 기독교 공동체가 그리스·로마 일대 여기저기에 생겨나고 있었는데, 그 공동체들은 기독교인에게 적대적인 집단 틈에서 괴롭힘을 당하며 힘들게 버티고 있었다. 이런 환경에서 테살로니카 공동체 사람들은 가까운 시일에 신의 심판과 세계의 종말이 찾아와 자신들의 고생을 끝내줄 거라고 믿고 일상생활도 포기한 채 기도만 드리고 있었다. 바울은 그 공동체 사람들의 생각이 잘못되었다는 것을 알려주면서 일상생활을 충실히 하라는 뜻에서 저 말을 했다. 노동 그 자체를 신성시하거나 능력에 따른 분배를 강조하기 위해 저렇게 말한 것은 아니다.

오히려 기독교 전통은 기본소득의 정신에 더 친화적이다. 기본소득을 암시하는 내용이 『성서』를 관통하고 있다. 앞에서도 보았듯 신은 인간을 에덴동산에 '무료로' 살게 하지 않았는가. 아담과 이브는 아무 대가도 없이 먹고 마시고 즐긴다. 에덴동산 이야기는 『성서』에 깔린 인간관을 드러낸다. 인간은 원래 죄 지은 존재가 아니라 복 받은 존재다. 신은 죄를 묻기 위해서가 아니라 삶을 마음껏 즐기라고 인간을 만들었다. 기독교는 인간을 신에게 사랑받을 자격을 갖춘 존재로 본다.

이러한 인간관은 『성서』에 나오는, 고대 이스라엘 민족이 이집트의 노예로 살다가 탈출해 사막을 헤맬 때의 일화에서도 볼 수 있다. 그들은 모든 소득의 10분의 1을 모아 공동 기금을 만들고, 그것을 공동체 운영 및 과부·고아·나그네의 생계 지원을 위해

썼다. 나그네란 지금으로 치면 이주노동자다.[1]

이스라엘 민족은 가나안에 정착하고 나서도 7일마다 하루를 안식일로 지켰고, 50년마다 한 해를 희년稀年으로 선포했다. 안식일에는 가축과 노예도 휴식을 보장받았다. 희년에는 모든 빚을 탕감했고, 매매한 땅과 집은 원주인에게 돌려주었으며, 노예를 해방했다. 희년 제도는 사람들이 평등한 조건에서 새 출발하도록 만드는 '사회적 리셋'이었다. "너희는 오십 년이 시작되는 이해를 거룩한 해로 정하고, 전국의 모든 거민에게 자유를 선포하여라. 이 해는 너희가 희년으로 누릴 해이다. 이 해는 너희가 유산, 곧 분배받은 땅으로 돌아가는 해이며, 저마다 가족에게로 돌아가는 해이다."[2]

예수는 어땠을까? 예수가 사람들에게 들려준 '포도밭 일꾼 이야기'를 보자. 예수는 설교를 듣기 위해 모인 군중들에게 "하늘 나라는 자기 포도원에서 일할 일꾼을 고용하려고 이른 아침에 집을 나선 어떤 포도원 주인과 같다"며 이야기를 시작했다. 이 이야기에서 포도원 주인은 새벽에 시장에 가서 일꾼을 모아 계약을 했다. 하루 품삯을 1데나리온 주기로. 일꾼들이 포도밭으로 간 후, 주인은 오전 9시쯤 다시 시장에서 일꾼들을 모아 똑같은 계약을 하고 포도밭으로 보냈다. 주인은 정오에도 한 차례 그렇게 하고, 오후 5시에도 시장에 나갔다. 시장에는 그 시각까지 일을 못 구한 사람들이 많았다. 주인이 왜 그러고 있느냐고 물으니 그들은 "아무도 우리에게 일을 시켜주지 않아서 이러고 있습니다"라고 대답한다. 주인은 앞에서처럼 계약하고 그들을 일하러 보냈다.

해질 무렵, 주인은 포도밭 일꾼들을 모아놓고 오후 5시에 온 사람부터 1데나리온을 품삯으로 주었다. 아침부터 일한 사람들은 자기네 품삯은 그보다 높을 줄 알고 기대하지만, 그들도 똑같이 1데나리온을 받는다. 일찍 온 일꾼들은 화를 낸다. "마지막에 온 이 사람들은 한 시간밖에 일하지 않았는데도, 찌는 더위 속에서 온종일 수고한 우리들과 똑같이 대우했습니다!" 주인은 대답한다. "나는 당신을 부당하게 대한 것이 아니오. 당신은 나와 1데나리온으로 합의하지 않았소? 당신의 품삯이나 받아 돌아가시오. 당신에게 주는 것과 꼭 같이 이 마지막 사람에게 주는 것이 내 뜻이오."

노동의 양과 정도에 따라 소득이 정해져야 한다고 생각하는 오늘날 우리 시각에서 포도원 주인의 처사는 불공정한 것처럼 여겨진다. 기독교에서는 이 비유가 하나님의 사랑은 먼저 믿은 사람이나 늦게 믿은 사람이나 누구에게나 평등하게 주어진다는 뜻이라고 해석한다. 종교적 해석은 어찌됐든 좋다. 중요한 건 이 포도밭의 비유가 예수만의 독특한 철학이 아니라 예수와 이 비유를 통해 상호 소통한 당시 대다수 가난한 민중의 생각이라는 점이다. 오늘날에는 부당하게 느껴지는 이 비유를 당시 가난한 사람들은 십분 공감하며 받아들였던 것이다.

당시 유대 민중의 벌이는 1년에 평균 200데나리온 정도였고 일반적인 하루 품삯이 1데나리온이었다. 즉 당시 유대인들은 1년에 200일 정도만 일을 구할 수 있었고 나머지 시기에는 실업자였다는 이야기다. 예수의 비유를 들으며 사람들은 자연스럽게 자기를 '시장에서 오후 5시까지 일거리를 못 구한 일꾼'과 동일시했을 것이다. 가장 늦게 온 그 일꾼들에게도 하루 생활비인 1데나리온이 주어졌을 때, 비유를 듣던 사람들이 "아니, 늦게 왔는데 1데나리온을 받다니, 불공정하잖아!"라고 말했을까? 그럴리 없다. 그들은 무릎을 치며 이렇게 말했을 것이다. "그렇지! 늦게 온 사람도 1데나리온을 받아야지. 일이 없는 게 그들 잘못이 아니니까!"

예수는 이 비유로 '하느님 나라의 정의'를 민중에게 알렸다. 신의 뜻은 힘 있고 운 좋은 사람만 살아남는 게 아니라 약하고 불운한 사람도 사람답게 사는 세상을 만드는 데 있다는 것을 말이다. 신의 자녀라면 누구든 생존과 품위를 존중받을 자격이 있다. 성서의 핵심은 이처럼 노동윤리가 아니라 사랑의 윤리이다. 능력에 따른 분배가 아니라 필요에 따른 분배를 강조한다.[3]

노동윤리는
거부되어야 한다

한편 노동윤리는 특권층 혹은 지배계급이 하층민과 노동자들에게만 강요해왔다는 비판도 가능하다. 김종철『녹색평론』발행인은 철학자 버트런드 러셀의 에세이『게으름에 대한 찬양』을 바탕으로 이런 노동윤리의 허구성을 지적한다.[4] 전통적으로 '여가'는 항상 지배계급이나 귀족계층만 누릴 수 있는 특권이었다. 17세기 러시아의 한 귀족은 이렇게 썼다. "우리는 앉아서는 먹고 일어나서는 논다. 이 즐거움이 바로 귀족의 삶이 아닌가?"[5] 피지배계급은 그들의 노동으로 지배계급이 여가를 누리게끔 떠받쳐왔다. 이러한 사실을 은폐하고자 지배계급은 '노동은 신성하다' 내지 '노동은 존엄하다'는 이야기를 퍼뜨렸고, 이것이 오늘날까지 통용돼온 노동윤리의 기초가 되었다는 것이다.

다시 말해 노동윤리란 강요된 궁핍과 고된 노동에 대해 의문을 품지 못하게 차단하고자 제시된 것일 뿐이라는 얘기다. 이런 노동윤리란 결국 노예의 윤리 혹은 머슴의 윤리에 불과하다. 이렇게 보면 지배자들은 하층민들이 불만을 가지지 않고 열심히 일만 하게 하려고, 반복해서 노동의 신성함 내지 존엄함을 읊어왔던 것이다.

산업사회로 이행하면서 노동윤리는 보다 정교해졌다. 자본가들은 농촌의 전통적인 노동 리듬에 익숙한 사람들을 공장 노동자로 바꿔내기 위해 골치를 앓았다. 전통적인 노동 리듬이란 해 뜨면 일하고 해 지면 잠들며 또 날이 궂으면 쉬거나 노는 것이었다. 예컨대 1700년에 프랑스의 농민은 1년에 휴일이 80여 일인데 그 외에 비가 와서 또 80여 일을 더 쉬었다는 기록이 남아 있다. 초기의 공장 노동자들은 월요일을 '성聖 월요일'이라 부르며 결근하는 것을 당연하게 여겼고, 자본가들은 이 문화를 뿌리 뽑기 위해 벌금·체벌·팸플릿 배포·목사의 설교·공장 내 시계 설치 등 온갖 방법을 동원했다. 이 과정에서 노동윤리에는 전통적으로 강조된 '성실'이라는 가치에다, '노동은 곧 취업 노동이며, 취업해서 노동하는 사람만이 소득을 얻을 자격이 있다'라는 새 가치관이 더해졌다. 가사와 돌봄을 비롯한 여러 무보수 노동은 노동의 범위에서 배제되었다.

여기에 자본가와 지식인들은 노동이 숭고한 것이라는 내용도 덧붙였다. 노동은 가족을 부양하기 위한 희생이며, 사회의 발전을 위한 기여라는 것이다.[6] 노동이 희생·책임·기여라는 가치와 연결되자 노동자(남성 노동자)는 노동윤리를 보다 쉽게 받아들였다. 외부에서 온 강제와 자발적인 내면화가 결합하며 노동윤리는 점점 확고해져갔다. 노동윤리는 노동자가 더 순종적으로 일하게 만든다는 점에서 자본가에게 이익이 됐다. 이에 더하여, 남성이 노동해서 가족 전체를 부양한다는 관념이 일반화한 덕분에, 자본가는 여성 노동과 아동 노동을 덜 중요한 노동으로 취급해 남성보다 낮은 임금으로 그들을 부릴 수 있었다. 이 역시 자본가에게 추가적인 이익을 주었다.

한편 노동윤리는 역설적으로 노동자들의 투쟁 무기로 사용되기도 했다. 노동운동은 '일하지 않는 자 먹지도 말라'는 슬로건을 자본가를 향해 겨누었다. 노동자들은 노동에 대한 정당한 보상을 요구했고, 노동으로 생산한 부를 노동하지 않는 자가 차지하는 것은 부당하다고 성토했다. 노동자들은 자신의 노동이야말로 참다운 생산적 행위라고 예찬했는데, 여기서 노동은 취업노동 또는 임금노동을 말했다.[7] 이러한 입장은 자본가에게 분배 정의를 요구하는 취지에서 필요하기는 했지만, 동시에 노동윤리를 한층 강화하는 효과를 낳았다. 이처럼 여러 계기를 거치며 노동윤리는 개인의 의식과 사회 제도에 깊이 뿌리내렸다. 그 결과 육체적 조건이 허락됨에도 노동하지 않거나 일하지 않고 복지를 요구하는 사람은 자연스럽게 비정상으로, 사회적 잉여로, 기생충으로 취급받게 되었다.

노동윤리는 이렇듯 전통적으로 지배계급이 설파하기 시작했고 산업화 시대에 이르러 노동자들에게도 받아들여지는 보편적인 윤리가 되었다. 즉 노동윤리에는 역사적 정당성이 없다. 하지만 단지 그 이유만 가지고 노동윤리를 비판하는 것은 아니다. 노동윤리는 적어도 대량생산·대량소비·완전고용이 당연하게 여겨진 20세기 중후반까지는 설득력이 있었다. 노동자는 성실히 일해 가족을 부양했고, 세금과 보험금을 부담해 사회보장제도의 재원을 충당했다. 노동윤리는 사회민주주의 복지국가를 떠받치는 기둥 가운데 하나였다. 그러나 오늘날은 사정이 완전히 달라졌다.

성장할수록 고용이 줄어드는 경제 상황에서 더 이상 일자리가 충분하지 않으며, 더욱이 남성 노동자 한 사람이 가족 전체를

기술 발달과 자동화의 흐름에 떠밀려 사라졌거나 사라지고 있는 직업들(왼쪽 상단부터 시계방향으로 필름 사진사, 지하철 매표원, 극장 간판 미술사, 신발공장 노동자). 일자리 자체가 소멸되는 시대에 강요되는 노동윤리를 윤리적이라고 할 수 있을까?

부양할 만한 임금을 받을 수 있는 일자리는 더 크게 줄어들었다. 현재 수준의 생산을 유지하는 데 과거와 같은 규모의 인간 노동력은 더 이상 필요하지도 않다. 예전에는 영화관마다 한 명씩 있던 극장 간판 미술사들이 소리 소문 없이 사라진 것처럼, 오늘날 우리에게 전화를 걸어와 금융상품 가입을 청하는 텔레마케터도 머지 않아 기계로 대체될 것이고, 상품 배달은 조만간 택배기사가 아닌 드론의 몫이 될 것이며, 법률 상담이나 세무 상담도 정장 입은 변호사나 세무사가 아니라 얼굴 없는 인공지능과 하게 될 날이 곧 도래할 것이다. 미래학자 레이 커즈와일Ray Kurzweil은 컴퓨터와 인간의 지능이 같아지는 해를 2029년으로 잡고 있으며, 2045년이면 컴퓨터가 인간보다 수십억 배 똑똑해지리라 본다.[8] 앞으로 20년 후에는 지금 인간이 하는 일은 거의 모두 기계에게 맡겨도 된다는 뜻이다.

다시 말해, 지금의 노동윤리는 현실과 전혀 맞지 않다. 애초에 그것이 존재한 기반이 무너졌는데도 노동윤리만 망령처럼 버티고 있다. 일하기 싫어서가 아니라 하고 싶어도 할 수가 없는데, 또 굳이 모든 사람이 풀타임으로 일하지 않아도 사회를 충분히 유지할 수 있는데, 그런데도 노동윤리는 여전히 "취업해서 밥벌이를 하는 것은 너의 의무다"라고 고집스럽게 말한다. 이러한 노동윤리 때문에 사람들은 위축되고, 복지와 소득 보장을 요구할 때도 당당하지 못하게 된다.

노동윤리는 노동을 매개로 우리의 삶을 통제하고 지배하는 도구가 되었다. 기술적으로는 '일에서 벗어난 삶'이 거의 가능해졌음에도 노동윤리는 우리가 그 미래를 상상조차 못하게 가로막는다. 이러한 노동윤리는 이제 거부되어야 한다.

의미 있는 모든 일을
사회가 보장하자

지금 우리는 거의 모든 재화가 취업 시장을 통해 분배되는 시스템에 살고 있기 때문에 직업에 절대적인 가치를 부여하고 있다. 직업이 없는 사람은 '아무 일도 하지 않는 사람'으로 치부된다. 직업은 곧 보수를 받고 하는 일이다. 하지만 세상 사람들은 보수를 받지 않고도 여러 가지 일을 한다. 왜 '일'의 범주를 취업 노동으로만 한정해야 할까?

도시샤대학 야마모리 도루山森亮 교수는 '일work'을 다음과 같이 구분한다. 첫째, 보수를 받으며 사회에도 필요한 일. 둘째, 보수를 받지만 사회에 없어도 되는 일. 셋째, 보수를 받지 않지만 사회에는 필요한 일. 넷째, 보수를 받지 않으며 사회에 없어도 되는 일. 여기서 '필요'는 어느 정도 객관적으로 측정할 수 있으며, 결핍되면 인간다운 삶을 영위하기 어려운 요소를 말한다. 즉 사람마다 다르고 결코 충족되지 않는 '욕망'과는 다르다. 예를 들어 의식주를 생산하는 일은 사회에 필요한 일이지만, 환각제를 생산하는 일은 설령 그것을 간절히 요구하는 중독자들이 많다고 해도 사회적으로 필요한 일이라 할 수 없다.

우리가 직업이라고 부르는 일은 야마모리 교수의 구분에서 첫째와 둘째 범주에 해당한다. 하지만 둘째 범주의 일은 오히려 안 해도 좋으며, 경우에 따라서는 그런 일이 줄어들거나 사라지는 게 공공의 이익에 더 낫다.

런던경제대 데이비드 그레이버David Graeber 교수는 '허접한 직업bullshit job'이 현대 노동 사회의 특징이라고 지적한다. 허접한 직업이란, 그 직업에 종사하는 사람이 의미나 보람을 느끼지 못하며 심지어 자기 자신을 소모시킨다고 느끼는 일을 말한다.

어느 텔레마케터는 자기가 봐도 아무 쓸모없는 상품을 고객에게 솔깃하게 선전해 매출을 올렸을 때 오히려 자괴감에 빠진다고 고백한다. 영국 노동자 37%는 자신의 직무가 허접한 일이라고 여긴다. 산업이 갈수록 외주화하고 하청계열화하면서 온갖 형태의 중간 관리자와 알선 중개자가 나타난다. 이들 관리자와 중개자는 아무 하는 일이 없지만, 기업은 노동자에 대한 직접적인 책임을 피하기 위해 이런 중간 단계를 끼워 넣는다. 『하버드 비즈니스 리뷰』가 전문직 종사자 1만2000명을 대상으로 한 설문조사에서, 절반에 가까운 숫자가 자신의 일은 중요하지도 않고 의미도 없다고 대답했다.[9]

군수산업 역시 줄여야 하는 1순위다. 세계에서 에이즈 연구에 쓰이는 돈이 1년에 85억 달러인 데 비해, 군비 지출은 연간 1조 2000억 달러다. 미국에서 1년에 드는 군비의 6%만 교육재정으로 돌려도 교사 100만 명을 추가로 고용할 수 있다.[10] 군수산업이 잘되면 잘될수록 세계 어딘가에 총격과 폭격이 일어나고 어린이들은 죽어나간다. 보이스 피싱, 성매매, 마약 판매와 같은 '지하경제'는 말할 것도 없다. 이러한 일들은 보수를 받는 노동이기는 하지만 줄어들거나 사라지는 게 더 좋다. 듀크대 여성학 교수 케이시 윅스Kathi Weeks가 말한 것처럼, 노동을 도덕적 의무로 보는 사회는 노동하기 위해 다른 도덕적 의무를 저버리는 일에 극히 둔감하다.[11]

반대로 셋째 범주의 일인 가사노동과 돌봄노동(이른바 그림자 노동), 공동체의 유지와 발전에 필요한 여러 자원봉사 활동은 매우 가치 있는 일인데도 대부분 무보수로 이뤄진다. 그런데 사회는 이러한 무보수 노동이 없으면 떠받쳐질 수 없다. 한 연구에 의하면, 미국에서 한 해 동안 이뤄지는 엄마들의 '수유授乳노동'을 금전적 가치로 환산하면 중국의 1년치 국방 예산과 맞먹는다고 한다. 한국에서도 가사노동의 경제적 가치가 국내총생산GDP의 약 35%에 이른다고 추정하는 학자가 있다. 2007년 태안 기름유출 사고나 2014년 세월호 참사 같은 재난이 발생하면 수많은 자원봉사자들이 제 발로 달려온다. 무분별한 환경파괴나 정부의 세금 낭비를 막기 위해 생업 외에 시간과 돈을 들여 활동하는 시민들도 많다. 이들이 없다면 공동체의 건강함은 유지되지 못할 것이다.

그러므로 취업 노동만 '일'로 여기고 거기에만 소득의 정당한 자격을 부여해야 할 이유는 전혀 없다. 취업해서 보수를 받는 일 말고도 세상에는 다양한 일이 존재한다. 실은, 사람들은 어떤 방식으로든 일을 하고 있다. 기본소득에는 사람들이 하고 있는 모든 의미 있는 일을 존중하고, 무보수 노동의 가치를 사회적으로 인정해주는 의미가 있다. 기본소득이 생기면 사람들은 보수에 얽매이지 않고 집안일, 아이 키우기, 아픈 이웃 돌보기, 텃밭 가꾸기, 예술 작품 만들기, 자원봉사, 정치 참여 등 공동체에 필요한 일을 자유롭게 수행할 여유를 가질 수 있다. 또한 기본소득이 생기면, 사회적 가치도 없고 보람도 적은 일을 단지 보수 때문에 하는 사람들이 사회적으로 필요한 노동으로 옮겨올 수 있게 된다. 이윤의 사회 환원을 목적으로 하는 사회적 기업이나 협동조합 분야도 활성화할 수 있다.

물론 이러한 질문이 나올 수 있다. 그렇다면 사회적으로 의미 있는 일을 하는 사람만 구별해 기본소득을 주어야 하는 게 아니냐고. 가령 주부나 자원봉사자나 예술가처럼 기존의 노동 구조에서 보상을 받지 못한 사람들에게 기본소득을 주는 것은 좋지만, 취업도 하지 않고 집안일이나 자원봉사도 하지 않는 '순수한 게으름뱅이'들은 걸러내야 하지 않겠느냐고.

그러나 기본소득은 사회적으로 의미 있는 일에 대해 보상해주는 것이 아니라, 개인들이 앞으로 사회적으로 의미 있는 일을 선택해서 할 수 있도록 소득을 보장해주는 것이라고 이해해야 한다. 그들이 기본소득을 받고서 어떤 일을 하게 될지는 그 다음의 문제로, 그 사회의 제도와 문화에 따라 각자의 선택이 달라질 것이다. 또한 현대사회에서 인간 활동의 경계를 확정하기란 쉽지 않다. 가령 육아만 해도 아이를 100% 부모가 키운다고 볼 수는 없다. 부모는 물론 주변 인간관계, 마을 공동체, 전체 사회가 어떤 식으로든 상호작용하면서 육아에 영향을 준다. 부모가 아이를 키우니 부모에게 양육수당을 주는 것이 아니라, 사회 구성원 모두가 육아에 영향을 주니 기본소득을 받고 함께 육아를 돕게끔 관점과 제도를 전환해야 한다.

기본소득은 이처럼 모든 시민이 다양한 방식으로 협업하며 사회에 기여한다는 믿음 위에 서 있다.

삶이 일보다
중요하다

어린 왕자는 가로등지기에게 공손히 인사를 했다.

"안녕하세요. 왜 방금 가로등을 껐나요?"

"명령이야." 가로등지기가 대답했다. "안녕?"

"명령이 뭐예요?"

"가로등을 끄라는 명령이지. 그럼 안녕."

그리고 그는 다시 불을 켰다.

"그럼 왜 방금은 불을 켰나요?"

"명령이야." 가로등지기가 대답했다.

"이해가 안 되는데." 어린 왕자가 말했다.

"이해하고 말고가 없어." 가로등지기가 말했다. "명령은 명령이니까. 안녕?"

그는 가로등을 껐다. 이어서 그는 붉은 네모 무늬의 손수건으로 이

마의 땀을 닦았다.

"나는 여기서 아주 힘든 일을 하고 있어. 한때는 이치에 맞는 일이었지. 아침에 불을 끄고 저녁에 불을 켰어. 낮엔 쉴 시간도 있고 밤엔 잠잘 시간도 있었지."

"그럼 그 뒤로 명령이 바뀌었나요?"

"명령이 바뀌지 않았어. 그게 비극이야! 해가 갈수록 별은 점점 빨리 도는데 명령이 바뀌지 않았거든!"

— 생 텍쥐페리, 『어린 왕자』

어린 왕자는 지구에 오기 전 여러 별을 여행하다가 가로등지기가 사는 별에 당도한다. 가로등지기는 자기가 왜 그 일을 해야 하는지도 모른 채 가로등을 켰다 껐다만 되풀이한다. 일은 갈수록 고되고 쉴 시간은 줄어들지만, 가로등지기는 힘들다고만 느낄 뿐 일을 멈출 생각을 하지 못한다. 가로등지기는 악화되는 자기 처지에 대해 왜 이럴까 질문할 능력을 이미 잃어버렸다. 그런데 가로등지기의 모습은 실은 우리의 모습이다. 쉬고 싶지만 멈추지 못하고 노동을 계속하는 우리 모두가 가로등지기다.

영화 〈회사원〉(2012)에도 이처럼 스스로에게 질문할 줄 모르는 주인공이 등장한다. 살인청부회사 조직원 지형도(소지섭 분)는 '알바생' 훈이 자신이 시킨 일을 마치자 회사의 보안을 위해 훈을 죽이려 한다. 자기에게 왜 이러냐는 훈의 말에 지형도는 무표정하게 대답한다. "그냥, 일이니까."

살인청부회사라는 설정은 비현실적이지만, 이 대사만은 매우 현실적이다. 우리는 삶의 커다란 부분을 노동에 할애한다. 그리고 그 부분에 대해서는 내가 어찌할 수 없는 일이라고 쉽게 치부해버리곤 한다. 일이니까, 일은 '원래' 그런 것이니까. 어쩔 수 없다고 말이다. 먹고살아야 해서, 가족을 부양해야 해서, 혹은 내 꿈을 이루려면 필요해서 등등 다양한 이유를 들면서 우리는 일은 반드시 해야만 하는 것으로 단정한다. 그 이상은 생각하지 않는다. 나이가 차면 취업 시장에 들어가는 것은 너무나 당연한 일이어서 '왜 꼭 그래야 해?'라고 아무도 묻지 않는다.

예전에 일본의 한 TV 기자가 취업하지 않고 최소한의 아르바이트만 하며 살아가는 청년에게 왜 일을 하지 않느냐고 묻자 그는 무심한 표정으로 이렇게 대답했다. "일하면 지는 거라고 생각합니다."[12] 이 인터뷰는 많은 사람들에게 충격을 안겼다. 노동은 숭고한 것, 적어도 우리 삶의 필수적인 부분이라고 굳게 믿는 사람들은 그 청년을 비난했다. 하지만 그의 말에도 어떤 진실이 숨어 있다.

항상 다른 무언가를 위해 사는 삶은 공허하다.[13] 물론 생계를 해결하고 품위를 유지하며 문명을 향상시키기 위한 노동은 분명히 필요하고 의미가 있다. 하지만 노동이든 생계든 문명이든 그 자체가 우리가 살아야 하는 목적은 아니다. 우리는 최대한 삶의 모든 영역에서 우리 자신으로, 즉 주체로 살아야 한다. 다시 말하면 선택의 자유를 누릴 수 있어야 한다. 우리가 문명을 발전시키는 이유는 삶에서 싫어도 해야 하는 '일'이 차지하는 부분을 줄이기 위해서다.

적성에 맞지 않는 직업보다는 적성에 어울리는 직업이 좋고, 위험하고 더러운 노동보다는 안전하고 쾌적한 노동이 좋다. 그것은 당연하다. 하지만 그보다 근원적인 목표는 노동을 최대한 줄이는 것, 노동으로부터 삶이 자유로워지는 것이다.

그렇다면 노동에서 벗어날 조건은 갖추어져 있는가? 앞에서 여러 차례 언급한 것처럼, 이미 세상의 생산력은 세상의 필요를 충족하기에 충분하며, 기술 혁신에 따라 현재의 생산을 유지하는 데 요구되는 인간 노동력 규모도 빠른 속도로 줄어들 것이다. '일하면 지는 거다'라는 청년처럼 아주 적은 수입에 의지해 숨만 쉬며 살 필요도 없다. '더 많은 수입과 더 적은 노동에 대한 요구'[14]를 내세워도 된다. 기본소득 보장과 노동시간 단축을 요구하자는 것이다.

과감하게 생각하자. 경제학자 존 메이너드 케인스는 이미 오래전 그렇게 예견했다. 1930년에 케인스는 캠브리지대 학생들에게 '우리 후손을 위한 경제적 가능성'이라는 제목으로 강연했다. 케인스는 정치인들이 재앙적인 실수를 하지 않는다면, 100년 후인 2030년까지 서구에서 생활수준은 4배에서 8배까지 향상될 것이고 노동시간은 주당 15시간으로 줄어들 것이라 예상했다. 하루 3시간만 일하면 필요를 모두 충족하고, 그 외에는 여가를 누리는 사회다. 케인스는 이 시대가 가까이 왔을 때 인류가 마주하게 될 도전은 전쟁도 아니고 전염병도 아닌, "넘치는 여가를 무엇으로 채울 것인가"라고 전망했다.

취업 노동에 가치를 두는 현대인은 직업·지위·명함·연봉·평판·영업실적 같은 것으로 사람을 판단하고 평가한다. 하지만 케인스는, 미래에는 '들판의 백합처럼 있는 그대로의 사물에서 즐거움을 찾을 줄 아는 사람'이 존경받을 것이라고 생각했다. 노동의 굴레에서 놓여난 사회에서는, 1970년대 영국에서 기본소득을 지지한 '복지 청구인조합(복지 수당을 받기 위해 공무원의 관료적 태도와 심할 경우 성희롱과도 싸워야 했던 여성들이 청구인조합을 만들었다)' 여성 회원들이 생각한 것처럼, 직업과는 무관하게 타인과 공동체를 위해 일하는 사람이 존경받을 것이다.[15] 취업이 개인과 사회의 주요한 목표가 되지 않는 사회에서 학교는 더 이상 취업을 목표로 아이들을 가르치지 않을 것이다. 학교는 자기를 들여다보는 법, 타인을 사랑하는 법, 공적 문제를 이해하고 참여하는 법을 가르치고 배우는 공간이 될 것이다.

하루 세 시간만
일하는 세상

2030년이 서서히 가까워지는 지금, 경제성장 측면에서 케인스의 예언은 맞았다. 부국에서 1인당 실제 소득은 1930년에서 2010년까지 4~5배 성장했다.[16] 1930년 당시에 빈국이었던 나라 가운데는 선진국보다 훨씬 빠른 속도로 성장한 나라가 적지 않다. 가령 한국은 1970년에서 2010년까지 1인당 실질소득이 7배나 올랐다. 케인스는 자신의 예언에서 부국과 빈국을 구분하지 않았는데, 2030년에는 경제 여건이 거의 평준화되었으리라 여겼기 때문이다.

그러나 노동시간의 감소에 관해서는 케인스의 예언이 빗나갔다. 1930년대 부국은 주당 약 50시간씩 일했고 현재는 40시간에 조금 못 미치는 수준이다. 줄어든 것은 사실이나 이 추세로는 2030년에 주당 15시간까지 내려가기란 난망하다. 주당 15시간은 1년에 약 800시간 노동이다. 현재 OECD 국가 중 노동시간이 가장 적은 네덜란드나 독일 사람들이 1년에 약 1300~1400시간 일한다. OECD 국가 평균 노동시간은 연간 1700~1800시간이다. 한국의 상황은 더욱 열악하다. 한국인은 2014년에 2124시간 일하여 OECD 국가 중 노동시간 1위를 차지했다. 한국인은 매년 OECD 평균보다 300~400시간 더 일하며, 독일인보다는 연간 약 3개월을 더 일한다.[17]

왜 노동시간이 케인스의 예언만큼 줄어들지 못한 걸까? 애초에 무리한 희망이었기 때문일까? 그렇지는 않다. 서구 국가에서 1970년대까지만 해도 노동시간 감소 추세는 낙관적이었다.

산업혁명 시기에 노동자들은 기본적으로 주당 6일, 하루 10시간에서 길게는 16시간까지 일해야 했다. 그래서 19세기 노동자들은 "8시간 노동, 8시간 여가, 8시간 휴식8 hours' labour, 8 hours' recreation, 8 hours' rest"이라는 구호를 외쳐가며 싸웠다. 1890년 5월 1일 최초의 세계 노동절에 각 나라 노동자들은 "8시간 노동제 쟁취"를 외치며 동시다발적으로 행진했다. 1917년 러시아대혁명은 8시간 노동제를 세계 표준으로 만드는 데 크게 기여했다.

한편, 고용주들의 편견도 조금씩 바뀌었다. 고용주들은 처음에는 노동시간 단축 요구에 완고했다. 고용주들은 노동자가 일을 하지 않으면 나태해지고 술과 도박에 빠질 거라고 믿었다. 그러나 자동차산업의 거두 헨리 포드처럼 생각을 달리 하는 기업가가 나타났다. 그는 노동자가 적절한 휴식을 취할수록 생산성이 높아질 것이라 여겼다. 게다가, 노동자가 충분한 임금과 여가를 누려야 포드사가 생산한 자동차를 구매할 것이었다. 헨리 포드는 주급을 파격적으로 인상하고, 1926년에 산업계 최초로 주5일 노동제·하루 8시간 근무제를 공장에 도입했다. 결과는 포드의 예상대로 효과적이었다.

포드 공장의 혁신은 전 산업계로 퍼져나갔다. 대공황 시기인 1930년대 콘푸레이크를 생산하는 켈로그는 하루 6시간 노동제를 도입했다. 켈로그는 이 방식으로 일자리를 나누어 고용을 유지했다. 노동시간이 줄자 생산공정의 사고발생율도 41%가 줄었다. 실직자들이 식사 배급 줄을 길게 서고 거리를 전전하던 대공황 시기, 켈로그 직원들은 일자리를 지키면서 가족과 더 많은 시간을 보냈고 독서와 정원 가꾸기와 스포츠를 즐겼다.

노동시간 단축이 노동자의 삶의 질은 물론 생산성 향상에도 긍정적으로 나타나자, 전반적인 제도 개선이 뒤따랐다. 미국은 1938년에 주5일 노동, 즉 주40시간 노동제를 법으로 확정했다. 1960년대 미국 상원의 한 위원회는 2000년까지 주14시간 노동제를 도입하게 되리라고 내다보았다. 1968년 5월에 파리에서 학생들의 반정부 봉기와 노동자 파업이 일어난 후, 프랑스 정부는 노동조합 지도부와 노동시간을 주35시간으로 줄인다는 내용에 합의했다. 68혁명의 주체인 청년들은 기업과 관료제도의 톱니바퀴가 되지 않겠다고 선언했다. 노동에서 벗어나는 일이 멀지 않은 것처럼 보였다.

어린 왕자가 만난 가로등지기는 한때는 자기 일도 할 만했다고 회상한다. 그런데 갑자기 별이 빨리 돌면서 점점 일이 바빠졌다고 한탄한다. 이 가로등지기의 경우처럼 서구 국가에서 차차 줄어온 노동시간은 1980년대부터 갑자기 길어지는 양상을 보인다. 이러한 변화의 배경에는 신자유주의가 있다. 신자유주의 이론가들은 정부 규제와 복지제도가 시장의 역동성과 잠재력을 억누른다며 맹공격했다. 신자유주의자들은 노동시간은 노사가 자율적으로 정할 사안이지 국가가 개입할 문제가 아니라고 비판했다. 노동시간을 규제하는 제도에 여기저기 흠집과 구멍이 나기 시작했다. 기업주는 임금을 깎고 장시간 노동을 노동자에게 강요함으로써 손쉽게 이윤을 획득했다. 노동윤리는 신자유주의의 관을 쓰고 과거 한때 약해졌던 권위를 회복했다.

한국의 상황은 어떨까? 1970년 전태일 열사는 "한 달에 두 번

일요일이라도 쉬게 해달라"라고 호소했다. 1980~1990년대 노동조합이 속속 결성되고 집단적 저항이 일어나면서 노동시간은 서서히 줄어들었다. 2004년에 주40시간 노동제를 도입한 것은 이런 흐름의 결실이었다. 하지만 노동 인구의 절반 이상이 불안정 비정규직 노동자로 대체된 지금, 한국의 노동시간 단축 흐름은 멈췄고 역행하는 모습도 보인다.

비정규직 노동자는 연월차를 사용하기도 어렵고, 사용할 수 있다고 해도 실질 생활비를 벌기 위해 반납하고는 한다. 비정규직이 폭증하는 상황에서 정규직 노동자라고 '칼퇴근'할 용기를 내기 어렵다. 정규직 노동자는 '있을 때 벌자'는 생각에 연장근로와 초과근로를 자발적으로 받아들인다. 회사가 노동법상 초과 노동 한도에 걸리지 않으려고 저녁 7시에 사무실의 불을 끄면, 노동자는 자비로 스탠드를 구매해 일하기도 한다.[18] 이러다보니 과로로 매년 300명씩 사망자가 발생한다. 특히 한국 40대 노동자의 과로사 비율은 OECD 최고 수준이다.

덧붙이자면, 이른바 '스마트 노동'은 노동자의 건강과 삶의 질 측면에서는 전혀 스마트하지 않다. 직장 상사가 보낸 SNS 메시지의 신호음은 퇴근 후에도 쉬지 않고 울려대고, 이는 통계에 붙잡히지 않는 노동시간을 추가한다. 영국의 한 연구에 따르면, 스마트폰 때문에 우리는 1년에 460시간, 약 3주의 초과노동을 하고 있다고 한다.[19]

'저녁이 있는 삶'이라는 어느 정치인의 슬로건이 한때 큰 반향을 일으켰다. 그만큼 사람들은 긴 노동시간 때문에 고통스럽다. 긴 노동시간은 개인과 사회, 심지어 기업에도 해롭다. 긴 노동시간은 스트레스를 주고 건강을 해치며 집중력을 떨어뜨려 작업의 효율성을 낮춘다. 노동시간이 길수록 산재사고 사망률이 늘고 교통사고의 위험도 커진다. 2012년에 교통사고 경험이 있는 택시 운전자를 대상으로 설문조사했더니, 교통사고 발생원인의 81.6%가 낮은 수입으로 인한 무리한 운전으로 나타났다. 출퇴근시간도 노동시간에 포함된다고 할 때 한국인의 평균 통근시간(58분)은 OECD 국가 가운데 가장 길다.(OECD 평균은 28분) 조지타운대 연구진에 따르면, 출퇴근시간은 노동시간 자체보다 사람들의 정치에 대한 관심과 참여에 더 큰 영향을 미친다. 출퇴근시간이 길고 불쾌감을 줄수록 이웃과의 대화도, 사회문제에 대한 관심도 줄어든다고 한다.[20] 이런 나라일수록 전문가와 관료가 중요한 문제들을 불투명하게 처리해버린다.

노동시간이 짧은 나라일수록 이산화탄소 배출도 적고 미세먼지로 덜 고생하며 사회가 안전하다. 독일의 경우 고속버스 기사가 운전중 2시간마다 30분씩 쉬도록 법에 정해져 있다. 장거리 버스에는 항상 기사가 두 사람씩 탑승한다. 노동시간이 짧은 사회는 그렇지 않은 사회에 비해 삶의 만족도가 높으며, 남성이 더 많이 육아휴가를 신청하고, 부부의 가사분담과 성평등 수준이 높다. 자원봉사에 참여하는 사람이 많고, 신뢰·공동체 의식·인적 네트워크와 같은 사회적 자본이 두텁게 형성되어 있다. 정치

노동시간 감소와 관련해 케인스가 내놓은 전망은 빗나갔다. 그러나 노동시간 단축은 삶의 질 향상과 긴밀하게 관련돼 있다. 많은 전문가들이 지금과 같은 과노동은 개인에게도 기업에게도 공동체에게도 해가 될 뿐이라고 지적한다. 기본소득은 강고한 노동윤리에 맞서 삶이 일보다 중요함을 일깨우는 열쇠가 될 수 있다. (서울신문, 2012년 8월 4일)

참여도 노동시간이 짧은 나라가 높게 나타난다. 한국에서 지난 20대 총선 투표율이 58%인 데 비해, 네덜란드와 독일의 투표율은 80%에 가깝다.

　다시 노동시간 단축을 문명사회의 핵심 과업으로 세워야 한다. 무엇보다 노동시간 단축은 노동의 노예로 전락한 삶을 되찾고 삶의 주권을 회복하는 일이다. 일에 얽매이지 않고 자유롭게 살아가자는 것이다. 그렇다면 이 노동시간을 어떻게 줄여나갈 것인가? 기본소득이 그 열쇠가 될 수 있다. 기본소득 도입과 함께 추진할 때 급진적인 노동시간 단축이 가능해진다.

　첫째로, 노동시간을 줄일 때 줄어드는 수입을 기본소득이 보충해주기 때문에 노동자 입장에서 노동시간 단축을 선택하기 쉬워진다. 이전의 절반만 일하는 대신 수입도 절반으로 줄이라고 한다면 보통 사람들은 받아들이기 힘들다. 월급 180만 원의 비정규직 노동자가 있다고 하자. 그는 책도 읽고 자기계발도 하기 위해 시간이 필요하지만 형편상 현재의 소득이 줄어들어서는 안 된다. 그가 가령 60만 원의 기본소득을 받는다면, 노동시간을 3분의 1만큼 줄여도 총소득을 유지할 수 있다. 그는 흔쾌히 노동시간 단축을 지지할 것이다.

또 부모와 두 미성년자 아이로 구성된 가족의 생계부양자 한 명이 월 400만 원(연 4800만 원)을 번다고 생각해보자. 기본소득이 성인은 60만 원, 미성년자는 40만 원씩 주어진다면 매달 200만 원씩 가족에게 기본소득 수입이 생기고 그는 가족의 소득 수준을 유지하면서 노동시간을 최대 절반까지 줄일 수 있다. 만약 그가 일을 줄이면서 소득은 더 늘기를 바란다면 일을 4분의 1만 줄여도 된다. 그래도 총소득은 연 6000만 원으로 전보다 늘어난다.(노동소득 연 3600만 원+기본소득 연 2400만 원) 이렇게 그가 줄인 노동시간을 기업이 다른 사람을 뽑아 메운다면, 이론적으로 세 사람당 1명씩 연봉 3600만 원의 신규 일자리가 창출된다.

둘째 이유는, 노동자의 협상력이 커져야 노동시간 단축과 노동 조건의 개선이 효과적으로 이뤄질 수 있기 때문이다. 기본소득은 노동자의 생존을 보장함으로써 고용주의 강력한 무기인 해고 카드를 쓸모없게 만든다. 기본소득이 있으면 노동자는 고용주에게 더 당당하게 자기 요구를 제시할 수 있고, 노동조합에 가입하면 불이익을 당할까 봐 두려워할 필요가 없다. 발언권이 세진 노동자는 개별 고용주에게도 노동시간을 줄이라고 요구하겠지만, 사회적으로도 법정 노동시간 단축 운동을 자신 있게 벌일 수 있다.

어떤 이들은 기본소득이 도입될 경우 고용주가 "기본소득이 있지 않느냐"라는 이유로 임금을 깎을 것을 우려하기도 한다. 고용주가 그런 마음을 먹더라도 기본소득으로 노동자의 협상력이 올라가는 한 함부로 임금에 손대지 못한다. 오히려 기본소득은 최저임금을 끌어올리는 압력으로 작용할 것이다. 기본소득이 있는 한 저임금에 조건 나쁜 일자리는 사람들이 받아들이려 하지 않을 것이기 때문이다.

버트런드 러셀은, 행복과 번영에 이르는 길은 조직적으로 일을 줄여나가는 데 있다고 했다. 케인스의 예언대로 경제성장이 이뤄지고 있는 오늘날, 예언의 절반인 주15시간 노동은 절대로 불가능한 목표가 아니다. 기본소득을 받고 하루 3시간만 일하는 사회를 상상하자. 우리는 이미 그 사회로 가는 길을 밟고 있다.

어떤 나라가
진정한 부국인가

　　　　　　　사람들이 노동시간을 줄이면, 사회의

'부'도 쪼그라드는 것이 아닐까? 그래서 일하는 시간은 적지만 풍요롭지도 않은 상태가 되는 것이 아닐까? 이런 걱정이 들 수도 있겠다.

우선, 노동시간을 줄인다고 생산이 위축된다고 볼 수 없다. 1973년 영국 경제는 몹시 휘청거렸다. 물가가 치솟고 정부 지출이 늘어난 데다 광부 노조까지 파업에 돌입했다. 가정과 관공서 모두 석탄이 부족해 에너지난에 처했다. 런던 트라팔가 광장의 크리스마스트리 점등조차 포기해야 할 정도였다. 1974년 1월 1일, 영국 에드워드 히스 총리는 놀라운 대국민 발표를 했다. "전기 공급이 정상화될 때까지 주3일 노동제를 실시한다." 언론은 생산량이 반토막 날 거라고 예측했고, 야당은 총리가 경제를 망친다고 맹비난했다. 하지만 두 달 후 조사해보니 생산량 하락은 6%에 불과했다.[21]

두번째로, 현대 사회에서 사회적 부를 측정하는 방식에 문제는 없는지 생각해볼 필요가 있다. 지금은 더 많은 생산과 더 높은 수익을 유일한 부의 평가기준으로 삼고 있다. 이 방식을 대표하는 지표는 바로 국내총생산Gross Domestic Production, GDP이다. GDP는 1930년대 경제학자 사이먼 쿠즈네츠가 개발한 지표인데, 한 나라 안에서 생산된 상품과 서비스 전체의 가격을 합산하고 물가와 구매력을 고려해 조정한 것이다. 우리는 GDP로 각국을 비교하고 또 한국의 과거와 오늘을 비교하기를 좋아한다.

GDP로 부를 측정하는 방식과 그 관점으로 보면, 사람들이 일을 덜하면 부가 줄어드는 것처럼 보인다. 하지만 관점을 바꿔보면 사회의 부를 오로지 생산성과 수익성을 기준으로 측정하는 것이 얼마나 비합리적인지 알 수 있다. 실은 GDP 방식으로는 사회에 존재하는 부를 제대로 파악할 수 없다. 생산되는 부보다 잃는 것이 더 많아도 이를 포착하지 못한다. 존 F. 케네디 대통령의 동생이자 법무장관·상원의원으로 활약했던 로버트 F. 케네디는 이렇게 말했다. "우리는 GDP로 모든 것을 측정한다. 삶을 가치 있게 만드는 것만 제외하고."

2011년 3월 11일 후쿠시마 대지진으로 2만 명이 목숨을 잃었지만, 이듬해 일본 경제의 GDP는 2% 성장했다. 그 다음해의 GDP는 더 성장했다. 피해 복구 과정에서 고용과 소비가 늘어났기 때문이다. GDP만 놓고 보면 후쿠시마 대지진은 일본 경제에 호재였다. 어처구니없는 역설이다. 그와 비슷한 이야기는 얼마든지 있다.

자동차를 많이 만들고 도로를 많이 놓을수록 GDP 기준에서 경제는 성장한다. 생산을 했기 때문이다. 하지만 차가 내뿜는 매연, 꽉 막힌 도로로 인한 스트레스, 스트레스 때문에 생기는 사람들 사이의 갈등은 GDP로 측정되지 않는다. 자동차산업과 토건산업이 돈을 버는 동안 발생하는 사회적 비용은 시민들이 분담하게 된다. 부모가 아이와 많은 시간을 보내고 함께 식사하는 가족보다, 바쁜 부모가 아이를 돌보지 못해 각자 끼니마다 외식업체에서 사 먹는 가족이 GDP의 눈으로 보면 훨씬 '생산적인' 가족이다. 불평등과 양극화로 인한 범죄가 늘어나도 GDP는 얼마든지 증가할 수 있다. 가령 수감시설이 늘고 거기에 세금 지출이 커지면 GDP의 측면에서는 사회가 부유해진 것으로 나타난다.

이러한 부의 측정 방식이 특히 문제가 되는 경우는 공공적 성격이 있는 의료나 교육, 안전 분야에서다. 가령 공교육이 부실해 사교육 시장이 활성화된다면 GDP는 올라갈 것이다. 보건 상태가 안 좋아 의료비 지출이 큰 사회에서도 GDP는 올라간다. 치안이 안 좋아 사람들이 사설경비업체를 많이 이용하는 사회도 GDP 관점에서는 발전한다고 볼 수 있다. 하지만 이런 사회들이 과연 좋은 사회인가?

GDP 방식은 때로 윤리적인 혼란도 일으킨다. 2006년에 그리스는 지하경제의 거래량을 포함시키자 GDP가 한 순간에 25% 상승했다. 경제 발전이라는 관점에서만 보자면, 마약 거래와 학교 교육은 다를 바가 없는 셈이다. 돈세탁을 해주고 수수료를 받는 행위와 옷 세탁을 해주고 세탁비를 받는 행위도 아무 차이가 없다고? 이런 논리를 인정할 수 있는가.

물론 GDP가 한 나라 경제 역량을 한눈에 파악하는 데 효과적인 지표라는 점을 부인할 수는 없다. GDP 방식은 1930년대 대공황을 극복하려는 절박한 필요에 의해 개발되었다. 이어진 제2차 세계대전에서 GDP의 유용성이 빛을 발했다. 연합국이 승리한 이유는 원자폭탄이 아니라 바로 GDP 지표 덕분이라는 이야기가 있을 정도다. GDP 방식을 사용하지 않았던 히틀러는 전황이 독일에 불리하게 돌아가던 1944년까지도 독일 경제를 총동원하는 데 실패했다는 것이다.

하지만 이것이 GDP의 한계이기도 하다. 전쟁 때는 오로지 생존하고 승리하는 것만이 최대의 목표다. GDP는 가치판단을 일절 배제하고, 오로지 생산이라는 지상 과제의 수행 여부를 기준으로 경제를 이해하는 방법이다. 그러나 이 지표를 전쟁 수행과는 전혀 다른 과제, 이를테면 불평등과 양극화와 과로와 환경오염 등의 문제에 직면한 사회에 그대로 적용할 수는 없다.[22] 다르게 말하면, GDP에 집착하는 것은 사회의 모든 과제를 여전히 전쟁 수행이라는 관점에서 본다는 이야기다.

사회적 부를 평가하는 기준에 생산성이 아니라 '무엇이 삶을 가치 있게 만드는가'를 넣는다면, 다음과 같은 사회가 진정 부유한 사회다. 타인을 돕는 사람이 많고, 가족 및 연인과 많은 시간을 보내며, 혁신을 공유하고, 스트레스와 환경오염이 적으며, 자연과 조화를 이루고, 공동체의 민주적 의사 결정에 사람들이 적극 참여하며, 예술을 창작하고 향유하는 이가 늘고, 사회의 자원을 군대·경찰·관료제도 운영보다 의료·교육·문화에 우선적으로 그리고 월등히 많이 쓰는 사회. 이러한 '부유한 사회'로 가려면 기본소득이 보장되고 노동시간이 줄어 생계노동의 압력에서 최대한 벗어나야 한다.

명심하자. 생산성을 목표로 해서는 인간은 결코 기계에게 이길 수 없다. 기계와 생산성 경쟁을 할수록 인간의 가치는 떨어진다. 인간은 기계가 따라오지 못하는 능력을 계발해야만 한다. 그것은 공감·돌봄·사랑·협동·놀이·예술·호기심, 그리고 엉뚱한 상상 같은 능력이다. 덜 생산적이고 더 가치 있게 사는 것. 이것이 21세기 기계 시대에 인간이 살아남는 방법이다.

4장

기본소득, 우리는 자격 있다

———

인간은 현재의 그로 머물기를 거부하는

유일한 창조물이다.

— 알베르 카뮈

———

앞에서 우리는 기본소득이 시대의 요청이며, 기본소득이 사람을 게으르게 만든다는 우려를 뒷받침할 근거가 없다는 것을 보았다. 임금노동을 중시하는 노동윤리는 오늘날 정당성이 없다는 사실도 확인했다.

그러나 아직 해명되지 않은 질문이 남아 있다. 우리에게 기본소득을 받을 권리가 있는가?

이것은 사회 변동이나 실업 등의 이유로 기본소득이 필요하다거나, 기본소득을 주어도 우려하는 문제는 일어나지 않는다거나 하는 것과는 다르다. 내가 배고프다고 옆집 사과나무에 열린 사과를 먹어서는 안 되는 것처럼, 기본소득을 요구하려면 우리에게 정당한 권리와 자격이 있어야 한다. 이제부터 확인하려는 게 바로 그것이다. 우리가 기본소득을 요구할 수 있는 정당한 근거는 무엇인가? 요약하면 네 가지 정도로 압축할 수 있다.

첫째, 기본소득은 공유자원에 대한 공동체 구성원의 권리다.

둘째, 기본소득은 협업에 참여한 이들이 받아야 할 보상이다.

셋째, 모든 사람은 자유를 누릴 권리가 있고, 기본소득은 자유를 위한 필수 수단이다.

넷째, 민주공화국의 주권자는 국민이며, 기본소득은 주권 실현을 위한 필수 조건이다.

기본소득이 정당한 이유 1:
공유자원은 모두의 것

1649년 5월 영국, 남루한 사람들 한 무리가 세인트 조지힐 언덕에 나타났다. 그들은 황무지에 정착해 콩과 여러 곡물을 경작했다. 그들은 함께 씨 뿌리고 함께 추수해 나누어 먹었다. 토지의 소유란 하늘이 준 공동재산에 울타리를 치고 빼앗은 것이라 여기며, 별도의 사유재산을 두지 않았다. 모든 전쟁과 도둑질과 폭력이 토지의 소유에서 비롯된다는 것이 그들의 믿음이었다. 그래서 그들은 토지를 돈을 내고 구입하지도, 지주에게 소작료를 내지도 않았다. 황무지에 공산주의 사회를 만든 그들은 디거스diggers, 즉 땅을 일구는 사람들이라 불렸다.

디거스 지도자인 제라드 윈스탠리Gerrard Winstanley는 영국 내전에서 의회파의 일원으로 국왕군과 싸운 용감한 군인이었다. 내전은 의회파가 승리해 국왕 찰스 1세의 목을 치는 것으로 마무리되었다. 그러자 의회파 지도자 올리버 크롬웰이 왕과 다름없는 독재 권력을 구축하기 시작했다. 의회파 귀족과 지주들은 왕당파의 재산을 접수한다는 명목으로 막대한 토지를 강탈해 자기 것으로 만들었다. 윈스탠리는 영국에서 진정한 평등은 토지 사유제를 폐지할 때만 가능하다고 믿었다. 그는 군대에서 나와 가족과 소수의 지지자와 함께 디거스가 되었다. 디거스의 생각은 그들의 모토에서 잘 드러난다.

"모두의 것이므로 무료!"

디거스는 소수지만, 이들이 뿌리는 토지공유 사상의 씨앗은 권력자들에게 경계의 대상이었다. 권력자들은 디거스를 국가에 위협적인 존재로 여겼다. 1650년 3월 말, 크롬웰 정부는 군대와 고용 깡패를 디거스의 마을에 보내 경작지를 말발굽으로 짓밟고 집을 불태웠다. 아이와 여성을 비롯한 여러 사람이 살해당했고, 살아남은 디거스는 모두 추방당했다. 디거스의 땅은 의회파 지주들이 차지했다. 윈스탠리는 재판에 기소되었다. 불법침입·점거·도둑질을 저질렀다는 죄목이었다. 윈스탠리는 이렇게 말했다. "태어날 때부터 내게 주어진 땅을 이용할 자유를 빼앗은 자들이 도둑인가, 아니면 그 땅에 살며 생계를 위해 농사를 지은 내가 도둑인가?"[1]

윈스탠리는 토지가 사유재산이 될 수 있느냐고 따져 묻는다. 그의 주장은 별나거나 비상식적인 것이 아니었다. 역사적으로 여러 사상가들이 토지는 인류에게 주어진 공유자원이라고 생각했다. 그 이유는 무엇인가? 첫째, 토지는 인간이 만들어낸 것이 아니다. 인간은 지구에 이미 주어진 땅 외에 단 한 뼘도 보태지 못한다. 간척사업을 들 수 있겠으나, 그 경우에도 드러나지 않은 땅을 드러나게 한 것이지 존재하지 않는 땅을 만들어낸 것은 아니다. 둘째, 사람은 토지 없이 살 수 없다. 경작자가 아니라고 해도 땅을 딛지 않고 또 땅에서 나는 것을 먹지 않고 살기는 불가능하다. 이런 이유로 토지는 누구에게나 평등하게 이용돼야 마땅하다고 생각한 것이다.

하지만 토지는 역사적으로 사유화돼왔다. 토지의 양은 한정되어 있으므로 누군가 토지를 많이 가진다면 필연적으로 남이 이용할 토지는 줄어든다. 그런데 토지는 필수 자원이므로 땅이 없는 사람들은 그에게 높은 임대료를 내고서라도 땅을 빌려야 한다. 지주는 자신이 생산하지도 않은 땅을 단지 차지하고 있다는 이유만으로 임대소득을 얻는다. 지주가 부유해질수록 땅이 없는 사람은 가난해진다.

한국의 토지 소유 실태를 보면 그러한 사정이 잘 나타난다. 한국을 100명이 사는 하나의 마을로 가정하면, 마을 토지의 절반이 사유지다. 사유지 가운데 55%를 주민 1명이 가지고 있다. 주민 10명이 사유지의 97%를 가졌다. 주민 72명은 사유지의 1% 안에서 조금씩 나눠가졌거나 아예 가진 땅이 없다.[2] 2008년에서 2013년까지 5년 사이에 지가총액이 3300조 원에서 5800조 원으로 뛰었다. 지주들은 앉아서 2500조 원을 번 셈이다. 일하는 사람들이 생산 현장에서 땀 흘리며 번 돈을 생산에 아무 기여도 하지 않은 지주들이 차지한다.

이러한 폐단 때문에 동서고금을 막론하고 토지 사유화는 비판의 대상이었다. 장 자크 루소는 "토지가 한 사람의 사유여서는 안 된다는 사실을 잊는다면, 토지의 수확은 모두에게 속한다는 사실을 잊는다면 인류는 멸망할 것"이라고 부르짖었다.[3] 앞서 언급했듯이 맹자는 정전제井田制 실시를 촉구했다. '우물 정井' 모양으로 토지를 나누어 농민에게 무상으로 분배하는 제도다. 8세기

초 신라 성덕대왕은 정전제丁田制를 실시했다. 이 정전제는 성인 남성을 의미하는 '정丁'에게 일정 면적의 토지를 지급하는 제도다.(성인 여성도 토지를 받았다는 견해도 있다.) 성덕대왕의 정전제는 백성의 생활을 안정시키고 국가의 세수를 늘리려는 것인데, 이를 실시하려면 귀족의 대토지 소유를 공격해야만 한다. 결국 귀족의 땅을 빼앗아 백성에게 나누어준 것이다. 그 덕분일까? 성덕대왕 시기에 신라는 최대의 태평성대를 누렸다.

사유화한 토지에서 나오는 수익을 국민 모두에게 분배하자는 혁명적인 주장을 한 사람이 있었다. 미국의 정치사상가 토머스 페인(1737~1809)이다. 페인은 영국 출신으로 코르셋 제조업자 집안의 아들이었다. 그는 무일푼으로 아메리카대륙에 건너왔고, 5개월 뒤 영국군과 아메리카 식민지 민병대가 무력 충돌했다. 페인은 소책자 『상식』을 써서, 아메리카인은 영국 왕의 관대함을 기대할 것이 아니라 영국에서 독립해야 한다고 주장했다. 이 책은 50만 권이나 팔렸다. 당시 아메리카 식민지 인구가 약 300만 명이라고 하니, 글을 읽을 줄 아는 사람은 모두 『상식』을 읽은 것이나 다름없다.

페인은 그 외에도 『인권』 『이성의 시대』 등 훌륭한 작품을 남겼는데, 마지막 저작 『토지 분배의 정의』에서 재산 소유의 불평등을 비판했다. 페인은 재산을 두 종류로 나눈다. 땅·공기·물처럼 조물주에게서 받은 자연 재산이 그 하나요, 인간이 자기 힘으로 만들거나 취득한 재산이 다른 하나다. 페인은 두번째 재산의

"땅은 소유할 수 없는 자연적 산물"…토지공개념 토대 제공

⑬ 토지사회주의 개척자 헨리 조지

민경국 교수와 함께하는
경제사상사 여행

헨리 조지(Henry George)는 '빈곤 속에 빈곤'이라는 모순을 토지제로 해결할 수 있다고 주장한 19세기 후반 미국의 저널리스트 겸 정치경제학자다. 펜실베이니아주 필라델피아서 평범한 가정의 10남매 중 둘째로 태어나 14세에 학업을 중단하고 선원이 됐다. 그 후 식자공을 거쳐 신문사 기자로 활약하다 지방신문의 출판·편집인이 됐다.

조지 연보
- 1839년 9월21일 美 필라델피아 출생
- 1853년 중학교 졸업
- 1855년 선원으로 호주 여행
- 1865년 인쇄업, 기자 등 활동
- 1870년 〈토지와 토지정책〉 출간
- 1871년 샌프란시스코 '이브닝 포스트지' 입사
- 1879년 〈진보와 빈곤〉 출간
- 1883년 〈사회문제 총론〉 출간
- 1897년 10월29일 뉴욕에서 사망

공동체 구성원에겐 토지를 비롯한 공유자원에서 나오는 이익을 공평하게 분배받을 권리가 있다. '모두의 것에 대한 모두의 권리'야말로 기본소득제의 논리적 근거이자 실천적 무기다. (국민일보, 2016년 6월 29일)

불균등한 분배는 인정했으나, 첫번째 재산에 대해서는 모든 사람이 정당하고 균등한 권리를 갖는다고 봤다. 이는 모두가 태어날 때부터 얻는 권리로, 타인이 베풀어준 것이 아니다.[4] 그래서 페인은 소수가 사유한 자연의 재산으로부터 지대를 걷어 '국가기금'을 만들어서 시민에게 배당금을 주자고 주장했다.

인류 공동 자산인 토지를 소유한 사람은 그 땅을 사용하는 대가를 공동체에 낼 의무가 있다. 그 지대를 재원으로 기금을 조성해 21살이 넘은 남녀 국민 모두에게 일시에 15파운드(현재 가치로 약 2000만 원)를 지급한다. 50살이 넘은 국민에게는 매년 10파운드(현재 가치로 약 1300만 원)를 지급한다. 가난하거나 부유하거나 상관없이 이 금액은 지급된다.[5]

토지가 공유자원인 한, 페인이 주장한 것처럼 토지 이용에서 나오는 수익에 대해 공동체 구성원은 n분의 1에 해당하는 배당을 요구할 권리가 있다. 그런데 토지뿐만이 아니다. 페인은 땅·공기·물의 이익을 현금화해 소수가 아니라 모든 사람에게 혜택을 줄 수 있다고 보았으며, 국가 차원에서 이를 실현할 수 있다고 생각했다.[6] 석유·광물·삼림·하늘·공기·바다·강·숲·산·경치 등 토지 이외에도 무수한 공유자원이 우리 주변에 존재한다. 이 자원들은 자연이 인류에게 주는 선물이며, 토지와 마찬가지로 이 자원들 없이 우리는 살 수 없다. 이 공유자원에서 나오는 이익은 모든 사람에게 돌아가야 한다.

하늘과 땅에서
배당금을 받자

'공동체 구성원은 공유자원에 대해 한 사

람당 1주株의 권리가 있다.' 1974년 알래스카 주지사에 당선된 제이 해먼드Jay Hammond는 그렇게 생각했다. 제2차 세계대전 당시 전투기 조종사로 중국군을 도와 일본군과 싸운 바 있는 그는, 동서 냉전이 해빙되면서 미국과 중국의 긴장이 완화되자 미국 주지사로는 첫번째로 중국을 방문했다. 이때 재미있는 일화가 있다.

해먼드는 알래스카를 상징하는 동물인 사향소를 중국에 선물했고, 답례로 중국의 판다를 받았다. 그는 판다를 공들여 돌보았는데, 중국에 간 사향소는 잘 있는지 궁금했다. 중국의 고위 간부를 만난 해먼드는 사향소가 어떻게 되었냐고 물었다. 중국인이 대답했다. "아, 사향소는 맛이 아주 좋더군요."

해먼드가 중국의 국유제에서 어떤 영감을 받았는지에 대해서는, 그가 토머스 페인의 사상을 과연 알았는지와 마찬가지로 알려진 사실이 없다. 확실한 것은 그가 일찍부터 공유자원의 쓰임에 관한 자기 소신을 현실에 구현하고자 줄기차게 시도했다는 점이다. 주지사가 되기 전 해먼드는 알래스카 브리스틀만灣 자치구 시장이었다. 브리스틀만은 어업 자원이 풍족하기로 손꼽히는 곳인데, 그곳의 어업 회사가 수십 억 달러의 수익을 거두는 반면 주민들은 매우 가난했다. 해먼드는 어업에 3%의 세금을 거둬 기금을 만들고 이를 주민 모두에게 배당금으로 지급하자는 제안을 내놓았다. 하지만 주민들은 이 계획에 사사로운 의도가 있을 거라 의심해서 받아들이지 않았다. 해먼드는 주지사로 당선된 후 이번엔 천연가스 채굴에 세금을 매겨 수입을 얻고, 그만큼을 주민 소득세에서 공제해주는 식으로 배당했다. 하지만 자기 세금에서 일부가 공제되었다는 사실을 아는 주민은 별로 없었다.[7]

해먼드는 알래스카 주정부가 소유한 노스슬로프 유전 채굴권을 밑천으로 다시 한 번 주민 배당 계획을 세웠다. 채굴권을 석유회사에 대여해주고 얻은 수입으로 기금을 적립하고, 이를 투자해 얻은 수익을 주민들 각각에게 현금으로 주기로 했다. 이 계획은 의회를 통과했고 주민투표로 승인받았다. 그렇게 만들어진 것이 '알래스카 영구기금배당Alaska Permanent Fund Dividend' 제도다.

주정부는 유전 채굴권 수입의 4분의 1을 매년 영구기금으로 적립하고, 이 기금을 주식·채권·부동산 등에 투자한다. 투자 수익의 배당금은 1년간 알래스카에 거주한, 미성년자를 포함한 모든 시민에게 개별적으로 지급된다. 1982년에 첫 지급을 시작한 이래 매년 1인당 1000달러 이상의 배당금을 지급했다. 2015년에는 1인당 2072달러가 은행 자동이체와 우편을 통해 전달되었다. 가장 액수가 컸던 해는 2008년이었으며 1인당 3269달러를 받았다. 매년 배당금 액수를 발표하는 날은 주민 축제와 같은 분위기가 펼쳐진다.

영구기금배당이 생긴 후 알래스카주는 미국에서 가장 평등한 주가 되었다. 우선 불평등 정도를 나타내는 지니계수의 증가율이 다른 주보다 낮다. 기금 운영도 성공적이어서 1980년 당시 9억 달러에서 현재 약 440억 달러로 기금 규모가 50배 이상 커졌다. 이제는 누적된 기금만 잘 운용하면, 유전이 바닥나거나 기후 변화 대응을 위해 채굴을 줄이더라도 미래 세대까지 배당 혜택을 누릴 수 있다. 배당에 대한 주민의 지지가 절대적이므로 어떤 정치인도 이를 함부로 건드리지 못한다. 주민들은 배당을 정부보조금이나 시혜로 보지 않는다. 천연자원에 대한 자기들의 정당한 재산권이라고 여긴다.

공유자원에서 배당받는다는 생각은 이제 여러 곳으로 확산되고 있다. 미국에서는 공유재산 사용의 대가를 거두어 모두에게 분배하자는 제안이 본격적으로 논의되고 있다. 예컨대 '대기大氣'도 모두에게 속한 공유재산이라 할 수 있다.

민주당 크리스 반 홀렌 의원이 2015년에 미국 연방의회에 상정한 법안은 탄소배출권 경매를 통해 기금을 조성한 다음 '건강기후배당'을 모든 미국인에게 지급한다는 내용을 담고 있다. 2016년 8월 캘리포니아주 상원은 연방의회와 대통령에게 전국적 탄소세 부과 및 시민배당을 촉구하는 결의안을 통과시켰다. 이 결의안의 내용은 미국 정부가 2050년까지 탄소배출량을 1990년의 80%까지 낮추도록 노력하라는 것과 함께 4인 가족에게 매달 약 30만 원의 배당금을 지급하라는 것이다. 미국 정부의 결단에 따라 미국은 세계 최초로 기후배당climate dividend을 국민에게 지급하는 나라가 될지도 모른다. 이미 캘리포니아주는 미국에서 최초로 2014년에 기후배당을 주민에게 지급했다.

제주도는 바람이 많은 섬이다. 제주의 공유자원인 바람을 이용한 수익 일부를 도민들에게 나눠주자는 주장도 있다. 제주도 밖에서 온 풍력발전사업자들은 자연이 준 풍부한 바람을 이용해 수익을 얻는데, 이 수익은 일종의 지대와 마찬가지다. 이 이익을 도민들에게 공정하게 분배하자는 것이다. 관련 법안도 발의되어 있다. 한편 풍력발전기가 서 있는 제주도 일부 마을에서는, 발전 회사가 마을 주민과 합의하여 수입 일부를 주민 복지, 장학금 그리고 전기요금 보조금 형식으로 되돌려주고 있다. 요컨대 바람의 배당금이라 볼 수 있다. 천혜의 관광자원 전체를 공유자원으로 보아, 연간 1000만에 이르는 제주도 관광객에게 소액의 입도세를 걷자는 제안도 논의된다. 입도세는 도민 배당금의 재원인 동시에, 제주도 난개발과 환경오염을 제어하는 장치도 된다.

생각을 넓혀보면 우리 주변에는 공유자원이 넘치도록 많다. 그런데 그 대부분이 사적 이익을 위해 사용되고 있음을 알게 된다. 아파트 '로열층'은 분양가가 비싸다. 그 층이라고 시공비가 더 들지 않는데도, 건설사는 '뷰view가 좋다'라거나 일조량이 많다며 수천만 원씩 높은 가격을 매긴다. 그러나 경관이나 햇빛은 건설사가 만든 것이 아니다.

전파가 통과하는 길인 주파수 대역도 천연자원이다. 타이타닉호가 조난당했을 때 구조 요청이 다른 무선 전파의 간섭으로 제대로 전달되지 못해 구조가 늦어졌고, 그 후 전파 발송을 주파수 대역에 따라 나누게 되었다. 현재 통신사와 방송사는 정부 경매로 싸게 주파수 대역을 할당받고 이를 이용해 막대한 이익을 낸다. 사물 인터넷 시대가 열리면서 자본은 점점 더 넓은 주파수 대역을 요구한다. 사물 인터넷 시대에는 집·차·스마트폰·가전제품·외부 매장까지 네트워크로 연결되기 때문이다. 가령 냉장고는 내용물이 비면 알아서 마트로 주문을 하고, 마트 컴퓨터는 알아서 상품을 발송한 후 내 스마트폰에 배송 내역을 보내줄 것이다. 필요한 주파수 대역이 상상초월로 늘어나고, 주파수를 차지한 기업은 초과 이윤을 누리게 될 것이다.

드론은 어떤가. 2014년에 택배기업 DHL이 드론으로 소포 배달에 성공했고, 이제 기술적으로는 드론으로 물류를 수송하는 데 어려움이 없다고 한다. 오래지 않아 드론이 피자며 택배 상자를 싣고 날아다니는 광경을 여기저기 보게 될 것 같다. 태양에너지를 이용하는 대형 드론 창고를 공중에 띄워놓고 소형 드론으로 지상과 공중의 창고를 오가게 할지도 모른다. 그런데 공중은 모두의 것이다. 공중을 사용하여 얻은 이익에 시민들은 배당의 권리를 제기할 수 있다. 덧붙이자면, 공중을 드론에 얼마나 개방해야 하는지도 공론의 장에서 논의해야 할 시점이다. 그밖에 지하수와 지하공간의 이용, 우주 및 해저의 개발도 공유자원 활용이라는 점에서 시민 배당의 근거가 될 수 있다.

공유자원의 배당금으로서 기본소득을 주장하는 것은, 모든 공유자원을 개발해야 한다거나 공유자원에서 나온 이익을 반드시 현금으로만 줘야 한다는 것이 아니다. 어떤 자원은 개발을 최소화하고 원형을 보전하는 것이 시민에게 더 나은 편익을 줄 수도 있다. 자연 경관이 그러하다. 예컨대 제주도에서는 레저 기업이 수억 년에 걸쳐 형성된 아름다운 주상절리 주변에 호텔을 지어 호텔 투숙객만 경관을 볼 수 있게 하려고 한다. 이런 경우는 레저 기업에 세금을 걷기보다 아예 호텔을 짓지 못하게 하는 게 나을 것이다. 경관을 보고 즐길 권리는 모두에게 있기 때문이다.

공유자원 하나하나에서 배당 가능성을 찾아보는 일은 무척 중요하다. 공유자원이 모르는 사이에 소수의 이익만을 위해 이용되고 있지 않은지 감시하는 의미에서도 필요한 일이다. 물론 한 가지 자원에서 나오는 이익을 다른 자원에서 나오는 이익과 명확하게 구별하기는 쉽지 않고, 자원을 공유한 사람의 범위가 어디까지인지도 분명한 것은 아니다.(가령 대관령 풍력발전기를 돌리는 바람은 그 일대 주민의 것인가, 강원도민 또는 국민 전체의 것인가?)

다만 우리가 부여잡아야 하는 원칙은, 모든 시민은 모든 공유자원의 사용 이익을 나눠 가질 권리가 있다는 원칙이다. 한 사회가 보유한 공유자원 일체가 보편적 기본소득의 근거다.

기본소득이 정당한 이유 2: 협업에 대한 보상

2002년 한일월드컵 당시 한국대표팀은 국민을 열광시키며 4강 진출에 성공했다. 그런데 월드컵이 끝난 후 대표팀은 또 한 번 국민들을 놀라게 했다. 대한축구협회에서 지급한 포상금을 대표팀 선수 23명 전원이 동등하게 나눠 갖겠다고 발표한 것이다.

대한축구협회는 4강 진출에 선수들이 기여한 정도에 따라 포상금을 차등 지급한다는 방침이었다. 그런데 주장인 홍명보 선수와 최고 수훈에 빛나는 안정환·박지성 선수를 비롯하여 대표팀 모든 선수가 "같이 고생했는데 누구는 더 받고 누구는 덜 받을 수 없다. 차등 지급되더라도 모아서 똑같이 다시 나누겠다"라며 협회 방침에 반기를 들었다.

대한축구협회는 말도 안 된다는 입장이었다. 축구협회 관계자는, 선수에 따라 가장 많이 뛴 선수는 '680여 분'을 뛴 반면 어떤 선수는 벤치만 지키고 출전 시간이 '0분'이었는데 어떻게 두 선수에게 같은 상금을 주느냐고 했다. 축구협회 이사장은 포상금 균등 분배 주장이 공산주의적 발상이라고까지 비난했다. 국민여론은 어떠했을까? 여론조사를 해보니 82%의 응답자가 균등 지급에 찬성했다. 여론은 압도적으로 "모두 함께 고생했다"라는 선수들의 입장에 동조했다.

놀라운 일이다. 기여한 대로 보상받아야 한다는 자본주의 분배 원칙을 다들 잊기라도 한 걸까? 기여하지 않은 사람이 보상을 받으면 누가 땀 흘려 뛰려고 하겠는가?

그러나 이런 논리에는 이런 반박이 가능하다. 경기장에서 뛴 선수 11명의 개별적인 기여는 각각 어떻게 평가해야 할까? 골을 많이 넣은 대로 보상금을 주자면, 수비수와 골키퍼는 주지 말아야 하는가? 경기장을 뛰어다닌 시간으로 평가하자면, 후반 막바지에 투입되어 멋진 플레이로 경기의 흐름을 바꾼 선수의 기여는 어떻게 봐야 할까? 이렇게 경기장에서 뛴 11명의 기여를 구분해 평가하기 어렵다면, 시합 직전까지 같이 연습하며 서로의 단점을 보완해준 대표팀 선수 전체의 기여 역시 하나하나 구분하기 힘들지 않을까?

물론 이런 점을 인정한다고 개인의 기여에 대한 평가가 무의미하지는 않고 그런 평가가 사라지지도 않을 것이다. 다만 대중들은 직관적으로 선수 개개인의 활약은 팀플레이 안에서 이뤄진다는 걸 이해하고서, 모두에게 균등 분배하는 게 옳다고 판단한 것이다. 대표팀이 없으면 11명의 주전선수도 없고, 11명이 없으면 어떤 천재 선수도 혼자 경기를 승리로 이끌 수 없다.

여기에서 우리는 기본소득을 정당화하는 근거를 발견하게 된다. 즉 모든 사람은 협업에 참여하고 있고, 그러므로 자기 몫의 보상을 받을 권리가 있다는 것이다.

아무리 위대한 천재라도 협력자가 필요하다. 미켈란젤로가 시스티나 성당 천정에 〈천지창조〉를 그릴 때, 그는 13명의 보조 예술가의 도움을 받았다. 발명왕 에디슨도 적어도 14명의 동료들과 늘 협업했다고 한다. 제2차 세계대전 때 미 국방부 산하에 '래드랩Rad-Lab, Radiation Laboratory'이라는 연구소가 있었는데, 여기서서 개발한 레이더가 연합군의 승리에 큰 기여를 했다. 비행기에서 적 잠수함을 탐지할 수 있는 레이더였다. 한데 래드랩의 주역은 공학자나 기술자만이 아니었다. 그들은 음악가와 협업했다. 레이더 신호를 시험할 때 전문적인 '음감'이 필요했기 때문이다.

오늘날 모든 생산물은 협업의 산물이다. 협업은 공장과 사무실 등 좁은 의미의 생산 공정에서도 이루어지고, 기업과 기업 사이, 원청과 하청 사이, 산업과 산업 사이, 국가와 국가 사이, 의뢰인과 외주 작업자 사이에도 이루어진다. 기업 간 협업의 예를 들자면, 애플은 전세계에 750여 개의 협력업체를 두고 있고(2013년 기준), 현대자동차는 전세계에 400개의 직접 협력업체와 2만 5000개의 간접 협력업체를 두고 있다.[8] 삼성 휴대폰의 핵심 기술은 한국의 연구소에서 개발되지만, 삼성 휴대폰 10대 가운데 5대는 베트남에 있는 공장에서 만들어진다.

한편 협업은 현재 노동과 과거 노동 사이, 즉 세대를 초월해서 이루어진다. 인간은 어떤 일을 하든 그 시점까지 누적된 과거의 노동에 바탕을 두고 작업한다. 과거의 노동은 기계나 인프라 등 물질적 형태를 띨 수도 있고, 지식이나 기술 같은 비물질 형태를 띨 수도 있다. 활자화된 지식 말고도 문화나 관습을 통해 전수되는 암묵지에도 우리는 의존한다. '어깨 너머로' 보고 따라하는 과정에서 배운 일들은 우리 작업의 무척 큰 부분을 차지한다.

협업은 생산 노동과 재생산 노동 사이에도 이뤄진다. 가사와 돌봄이 대표하는 재생산 노동 없이 생산 노동은 유지될 수 없다. 그래서 과거 페미니스트들은 "가사노동에 임금을!"이라는 슬로건을 내걸어 재생산 노동의 가치를 강조하기도 했다.

또한 협업은 특정한 작업과 사회 전반 사이에도 이뤄진다. 정보통신 기술이 발달하고, 서비스·지식·문화 형태의 이른바 비물질적 노동이 증가함에 따라, 생산 활동의 경계는 확정하기 어려울 정도로 넓어진다. 예를 들어 게임회사 직원인 게임 개발자가 집에서 쉬면서 북유럽 신화에 대한 책을 읽고 게임 시나리오의 아이디어를 떠올렸다면, 이 책을 쓴 저자는 그의 노동에 얼마큼 기여했다고 봐야 할까? 더 넓히면, 사회의 교양 수준, 문화, 유행하는 '코드', 구성원끼리의 신뢰·연대 의식도 개별 작업에 영향을 준다. 그래서 안토니오 네그리 같은 철학자는 사회로 확장된 공장, 혹은 '사회적 공장'이라는 개념을 제시하기도 한다. 극단적으로, 상점 밖 진열대에 물건을 내놓기만 하면 훔쳐가는 사회라면 상거래가 이뤄질 수 있을까? 그런데 물건을 훔치면 안 된다는 윤리의식을 상점 주인이 사람들에게 일일이 가르치지 않는다. 그 일은 학교와 가정에서 한다.

흥미롭게도, 생산자와 소비자 사이에도 협업은 진행된다. 오늘날 생산자는 상품을 다 만들고 소비자를 만나는 것이 아니라, 제작 과정에서 소비자와 긴밀하게 소통한다. 컴퓨터 소프트웨어나 게임을 출시하려는 기업은 '베타 버전'을 소비자에게 제공해 미리 사용해보게 하고 문제점을 지적받아 완성품 제작에 반영한다. 또 어떤 상품이 '브랜드'가 되는 과정을 생각해보라. 브랜드는 소비자의 능동적인 참여 없이는 형성되지 않는다. 소비자는 어떤 상품의 새 모델이 출시되는 날 아침부터 긴 줄을 서고, 그

상품 사용자들끼리 커뮤니티를 만들기도 한다. 이러한 활동은 상품의 사회적인 정체성, 즉 브랜드를 만들어낸다.

이처럼 협업은 다양한 생산 행위 사이에, 과거 노동과 현재 노동 사이에, 생산과 재생산 사이에, 생산 행위와 수많은 사회적·문화적 활동 사이에 진행된다. 노벨상을 수상한 경제학자 허버트 사이먼은 우리 스스로 무언가를 생산한다는 믿음이 환상임을 지적한다. 사이먼에 따르면 우리가 '스스로 벌었다'고 할 수 있는 부분은 기껏해야 소득 중 5분의 1이다. "나머지는 엄청나게 생산성이 높은 사회에 속한 덕분에 세습한 재산이다."[9]

생산이 사회적으로 실행되고 협업을 통해 이뤄지는데도, 보상은 협업 참여자들에게 공정하게 돌아오지 않는다. 최종 생산물의 소유권을 가진 사람과, 생산 과정 가운데 특정한 부분에 참여한 사람들만 보상을 받는다. 나머지는 전혀 보상을 받지 못하거나 턱없이 작은 몫만 얻는다. 기여에 따른 보상이라는 분배 원칙을 생각하더라도 이것은 옳지 않다. 단, 협업이 사회적 행위인 이상 참여자 각각의 기여를 구분하기란 어렵다. 그러므로 협업에 대한 보상은 사회적으로 이뤄져야 한다. 기본소득은 협업에 참여한 이들에 대한 정당한 보상이다.

이것이 생산과정에서 이뤄지는 불평등한 분배를 기본소득으로 보상할 수 있다는 이야기는 아니다. 고용주와 노동자의 불평등한 분배, 정규직과 비정규직 사이에 혹은 원청업체와 하청업체 사이에 일어나는 불평등한 분배는 별도로 시정되어야 할 문제다. 이 책에서 그 문제는 논의대상이 아니다. 다만, 앞에서도 언급했듯 기본소득이 보장되면 노동자는 고용주에게 좀 더 당당히 분배 개선을 요구할 수 있게 된다는 것을 기억하자.

하나만 더 짚자. 기본소득은 협업에 대한 보상이며 동시에 더 많은 협업을 촉발한다. 협업이 늘어나는 건 사실 좋은 일이다. 협업은 개별 생산자 하나하나의 힘을 합친 것보다 더 큰 생산력을 만들어내기 때문이다. 집 한 채를 지을 때 열 명의 인부가 하루에 한 명씩 열흘간 일하는 것보다 열 명이 한꺼번에 나와서 하루만 일하는 편이, 지급되는 임금은 똑같지만 작업성과는 훨씬 클 것이다. 기본소득이 보장되면 사람들은 자신의 지식과 경험과 노동을 더 쉽게 남들과 공유할 것이다. 왜냐하면 협업이 늘어날수록 자신도 이익을 얻기 때문이다.

최근에 학술논문을 온라인으로 제공하는 회사가 논문 구독료를 올리는 바람에 연구자들 사이에 문제가 되었다. 다량의 논문을 보유한 이 회사는 대학들과 구독료 계약을 맺었고 대학은 자기네 학생이면 무료로 논문을 볼 수 있게 했다. 그런데 회사가 논문 구독료를 약 25% 높이기로 결정하자, 비용 압박을 느낀 대학들은 재계약을 포기하거나 유료 논문과 무료 논문을 구분해 이용하는 방식으로 계약을 바꾸었다. 회사의 이런 방침에 연구자와 대학원생들이 크게 반발했다. 연구를 하려면 앞서 나온 논문을 최대한 많이 참고해야 하는데, 논문 유료화는 넉넉하지 않은 주머니 사정을 압박했기 때문이다. 그들은 구독료 인상 때문에 연구의 질이 떨어질 것이라고 항의했고, 반대로 회사는 논문 저자에게 정당한 보상이 돌아가야 한다고 응수했다.

물론 저자에게 적절한 보상이 돌아가도록 하는 일은 중요하다. 긴 시간 연구에 매진하느라 생계의 어려움을 겪는 연구자들도 있는데, 보상 없이 일을 계속할 수는 없다. 하지만 지식이 자유롭게 공유되어야 더 좋은 연구가 나올 수 있고, 그래야 사회적으로 이롭다는 것도 당연하다. 기존 논문의 저자 역시 새로운 연구를 하려면 또 다른 연구자의 논문을 봐야 하므로, 저작권의 벽을 높이는 것은 서로에게 해가 될 수 있다. 그러니 연구자들이 기본소득을 받아 마음 놓고 연구할 수 있도록 하고, 학술논문을 자유롭게 열람할 수 있는 공공 플랫폼을 만들어 그 결과물을 사회와 기꺼이 공유하도록 만드는 게 모두에게 더 나은 방향이다.

은행이 1달러를 벌면 전체 경제에서 60센트가 줄어들지만, 연구자에게 1달러의 소득이 생기면 전체 경제에 5달러가 늘어난다는 연구도 있다. 기본소득은 협업을 늘리고, 협업은 사회의 부를 늘린다.

인공지능이 생산한
부를 나누자

'바람이 불면 목수가 좋아한다'라는 일본 속담이 있다. 엉뚱하게 들리는 말인데 설명을 들으면 그럴듯하다. 바람이 불면 먼지가 날려 눈에 들어가 맹인이 늘어난다. 일본에서 맹인은 샤미센이라는 현악기를 연주하며 구걸한다. 샤미센 만드는 데는 고양이 가죽이 쓰인다. 가죽 때문에 고양이를 잡으니 이번에는 쥐가 들끓는다. 쥐가 기둥을 갉으니 기둥이 약해져서 목수를 불러야 한다. 일감이 느니까 목수가 신이 난다.

이렇듯 세상은 우리가 다 파악하기 힘들 만큼 서로 연결되어 있다. 오늘날 인터넷에 의해 그 연결은 상상할 수 없을 만큼 촘촘해졌다. 사람과 사람, 사람과 사물, 나아가 사물과 사물이 서로 연결된다. 이 연결은 '빅데이터'라는 새로운 자원을 창출한다.

2008년에 구글은 그해 미국에서 독감이 유행할 지역을 예측했다. 이 예측은 그해 말 미국 질병통제예방센터CDC가 집계한 독감환자 통계와 맞아 떨어졌다. 어떻게 그게 가능했을까? 감기 기운을 느끼면 사람들은 인터넷에 증상을 검색해본다. 자기 몸의 증상이 어떤 질병에 해당하는지, 근처에 병원이 있는지 찾아보고 SNS로 친구에게 "몸이 오슬오슬한 게 죽을 지경이다"라든가 "아프니까 외롭다" 같은 대화를 나눈다. 구글은 이런 표현에 관련된 50여 개의 키워드를 뽑아 어디에서 이 키워드를 빈번하게 사용하는지 확인했다. 이러한 빅데이터를 바탕으로 구글은 독감 발병을 예측할 수 있었다. 그 후 구글은 매년 '구글 독감 트렌드'를 공개하는데, 조금씩 기복은 있지만 구글 독감 트렌드의 정확도는 높아지고 있다.

질병을 정확히 예측할 수 있으면 보건 당국은 더 적은 비용으로 질병을 통제할 수 있고, 경제활동의 손실도 최소화할 수 있다. 반대로 사람들이 자기 증상에 관련된 정보를 검색하지도 않고 친구에게 아프다는 말도 하지 않으면 어떨까. 빅데이터는 만들어질 수 없고, 그들은 자기도 모르는 새 바이러스의 숙주가 되어 여기저기 질병을 퍼트릴 것이다. 보건 당국이 뒤늦게 사태를 파악했을 때는 이미 일대가 무방비 상태로 전염되어 여기저기 사람들이 드러눕고, 병원 신세를 지고, 국가 예산은 소모되고, 경제 활력은 떨어질 것이다.

빅데이터 시대에서 우리는 인터넷 검색이나 페이스북에서 수다 떨기 같은 사소한 행동으로도 사회적 의미라는 커다란 천을 함께 짠다. 연결된 우리는 의식하지 못하는 순간에도 협업에 참여한다. 앞에서 인공지능에 인간이 밀려나고 있으므로 생존권 보장을 위해 기본소득이 필요하다고 이야기했다. 그런데 인공지능을 더 똑똑하게 만드는 것도 인간이다. 인간은 협업을 통해 그 일을 한다. 우리가 인공지능의 진보에 기여하고 있다면, 우리는 인공지능이 창출하는 부에 대해서도 권리를 요구할 수 있다. 한신대 경제학과 강남훈 교수는 "인공지능이 생산한 부를 n분의 1로 나눠 받자"고 말한다.

'알파고'는 이세돌에게 어떻게 승리했나? 알파고는 과거에 사람들이 치른 16만 건의 바둑 대국을 데이터로 삼아, 스스로 100만 번의 대국을 치르며 실력을 연마했다. 알파고는 결국 인간이 둔 바둑 데이터를 바탕으로 성장해 이세돌을 꺾은 것이다.

2011년 IBM의 인공지능 '왓슨'은 낱말 맞추기 게임인 '제퍼디'에서 인간 챔피언을 이겼다. 그전까지 상금으로 300만 달러를 번 챔피언 제닝스는 왓슨에게 패하고 이렇게 말했다. "퀴즈 쇼 출전자는 왓슨에 의해 백수가 된 첫번째 직업이지만 마지막 직업은 아닐 겁니다." 왓슨의 승리 비결 역시 인간 집단지성이 응축된 위키피디아를 통째로 암기한 덕분이었다.

구글 자동번역기의 예를 보자. 아직 완벽하다고는 할 수 없지만, 그래도 이전의 그 어떤 시도보다 성공적이다. 인공지능에 실제 문법을 가르쳐 번역을 시켜보려는 시도가 많았지만 대부분 실패했다. 그러나 구글 번역기는 수백만 권의 책을 스캔해 데이터화한 문장들을 조합함으로써 완성도를 크게 높였다. 기계 번역의 원천은 인간이 쓴 모래알처럼 많은 문장이다. 일본에서 판매되는 가정용 로봇 '페퍼'는 인간의 기분에 맞춰 대화하고 농담도 할 수가 있다. 페퍼는 클라우드 기능을 이용해 한 로봇이 인간에게 어휘나 문장을 배우면 클라우드로 연결된 로봇 전체가 동시에 학습한다. 인간과 대화를 많이 할수록 로봇은 빨리 배운다. 페이스북의 얼굴 인식 시스템이 빠르게 진화하는 이유도, 하루에 2억5000만 장씩 사람들이 업로드하는 사진을 빅데이터 삼아 인공지능이 학습하기 때문이다. 인간이 빅데이터를 만들고, 빅데이터 위에 인공지능이 진화한다.

인공지능은 단순하게 말하면 프로그래머가 만든 알고리즘과 다수의 사람들이 생산한 데이터가 만난 것이다.[10] 프로그래머 즉 개발자의 몫을 빼고라도, 인공지능이 창조한 부에는 인간 협업의 몫이 있는 것이다. 그리고 기본소득이 그 몫에 대한 보상이 될 수 있다. 기본소득은 그저 기술 혁신 과정에서 낙오하는 사람들을 구제하는 대책이 아니다. 반대로 기술 혁신에 기여한 모든 인류에게 정당한 몫을 돌려주자는 것이다.

어떤 비판자는, 일은 인공지능과 로봇이 대신하고 시민은 기본소득을 받고 놀기만 하는 사회를 과연 유토피아라고 할 수 있느냐고 지적한다. 인간 특유의 창조성이나 도전이 사라지는 상황을 우려한 것으로 보인다. 그러나 앞으로 우리가 로봇에게 맡기려는 것은 노동이지 모든 활동이 아니다. 노동이 줄어든다면 우리는 지금보다 더 다양한 활동을 하게 될 것이고, 이는 우리 사회의 잠재력을 증가시킬 것이다. 그리고 이는 미래에 더 큰 이익으로 돌아올 것이다.

기본소득이 정당한 이유 3:
자유의 필수 수단

"환영합니다, 여러분. 즐거운 헝거게임 시즌이 돌아왔어요! 확률의 신이 언제나 당신 편이기를! 12구역의 남녀 조공인을 추첨하겠어요."

진행자는 유리그릇에서 쪽지 하나를 꺼내 펼친다. "프림로즈 에버딘!"

열다섯 살쯤으로 보이는 소녀가 창백해진 얼굴로 앞으로 나가는 순간, 누군가 "안 돼!" 하며 뛰쳐나온다. 캣니스 에버딘, 뽑힌 소녀의 언니다. 군인이 제지하자 캣니스가 외친다.

"자원할게요! 내가 대신 나갈게요!"

SF 영화 〈헝거게임〉의 한 장면이다. 배경이 되는 나라는 잔혹한 독재자의 통치를 받고 있다. 독재자는 강제적으로 시민들을 '헝거게임' 출전자를 뽑는 추첨에 참여시킨다. 이 게임은 남녀 젊은이들이 최후의 1명만 살아남는다는 규칙에 따라 죽고 죽이는 살인 시합이다. 수단방법을 가리지 않고 상대를 없애야 한다. 활의 명수인 주인공 캣니스는 추첨에 뽑힌 동생을 대신해 게임에 자원 출전한다. 경기장에 들어선 캣니스는 목숨을 노리고 덤벼드는 다른 출전자와 있는 힘을 다해 싸운다.

이 영화 속 세계는 누가 보아도 디스토피아다. 헝거게임은 어처구니없는 시합이요, 그 게임을 강요하는 독재자는 사악한 인물이다. 누구나 이런 사회가 불의하다고 느낄 것이다. 그런데 구체적으로 무엇이 어떻게 불의한가? 우리가 직관적으로 헝거게임이 불의하다고 여긴다면, 거기서 출발해 정의의 기준을 논의해보자. 그리고 기본소득이 그런 정의의 기준에 부합하는지 살펴보고자 한다.

헝거게임에는 남자 어른과 어린 소녀가 서로 싸워야 한다. 허약한 사람과 건장한 전사가, 발 빠른 사람과 절뚝거리는 이가 맞붙는다. 한마디로 공정하지 않다. 게임에 승리할 수 있는 기회가 누구에게는 거의 없고 누구에게는 너무 많다. 다음으로, 아무리 그래도 게임에 졌다고 차례차례 죽는 건 너무하다. 패자에 대한 이런 야만적인 페널티는 받아들일 수 없다. 그러면 서로 대등하게 싸우도록 조건을 맞춰주고(건강한 사람에게는 다리에 추를 매단다거나), 싸우다 지더라도 목숨만은 부지하도록 해주면 문제가 없을까? 그렇지 않다. 애초에 이 게임에 참여하지 않을 자유가 없기 때문이다. 강제로 무엇을 하거나 못하게끔 하는 힘에 의해 내 삶이 좌지우지된다면, 그런 상황은 부정의不正義하다.

정치철학자 존 롤스는 『정의론』에서, 헝거게임과 같은 상황을 비판하는 데 기준이 될 정의의 원칙을 제시했다. 롤스는 먼저 '무지의 장막'이라는 가상적 상황을 설정한다. 무지의 장막이란, 그 장막을 걷고 나갔을 때 우리가 각자 어떤 능력을 가지고 어떤 환경에 처할지 전혀 모르는 상태를 말한다. 롤스는 이 상태를 '원초적 입장'이라고 부른다. 원초적 입장에 놓였다고 가정하고, 앞으로 내가 살아갈 사회의 정의 원칙을 다른 사람들과 합의한다고 하자. 각자가 자신이 장차 남자일지 여자일지, 부자일지 가난한 사람일지, 장애인일지 비장애인일지 모르는 상황에서 정의 원칙을 정하는 것이다. 그럴 때 우리는 '헝거게임' 사회와 같은 룰을 택할 리는 없을 것이다.

우리는 장막 밖에서 자신이 만날 수 있는 최악의 상황을 기준으로, 그 경우에도 인간적인 삶을 보장해주는 원칙을 만들 것이다. 이 경우 롤스는 우리가 두 가지 정의 원칙에 합의할 것이라고

말한다.[11]

　첫번째 원칙은 '평등한 자유의 원칙'이다. 기본적 자유가 동등하게 분배되어야 한다. 타인의 자유를 침해하지 않는다면, 어떤 삶을 살거나 살지 않기로 하는 건 전적으로 내 자유다. 누구도 내게 특정한 형태의 삶을 강요하거나 반대로 그런 삶을 살지 못하도록 막아서는 안 된다. 한마디로 내 삶은 나의 것이어야 한다.

　두번째 원칙은 '차등의 원칙'이다. 재화나 지위는 한정되어 있으므로 경쟁이 발생한다. 경쟁의 기회는 누구에게나 평등해야 한다. 경쟁에 자유롭게 참여할 수 있어야 하고, 또 공정한 규칙으로 치러져야 한다. 하지만 공정한 경쟁이라도 결과적으로 불평등(차등)이 발생할 수 있다. 하지만 경쟁은 거기 참여한 사람들 중 누구라도 이전보다 못한 상태로 떨어뜨려서는 안 된다. 불평등은 가장 취약한 처지의 사람들이 조금이라도 전보다 나아진다는 조건에서만 허용되어야 한다.

　헝거게임에 적용해보자. 게임에서 누구나 승자가 될 기회가 공정하게 보장되어야 한다. 체급을 비슷하게 맞춘다든지 훈련비용을 동등하게 지원한다든지 해야 한다. 꼴찌라도 게임 참여 전보다 처지가 나아져야 하므로, 지더라도 죽지 않아야 하는 것은 당연하고, 하다못해 참가상이라도 받고 나와야 한다. 이만하면 헝거게임도 정의 원칙에 부합하는 걸까? 가장 중요한 것은 누구도 게임에 강제로 참가시켜서는 안 된다는 점이다. 내 삶이 나의 것이라면, 게임 참여는 전적으로 자발적인 선택이어야만 한다.

롤스는 모든 사람이 평등하고 공정하게 자유로울 수 있는 방법을 모색했다. 그의 정의 원칙은 저 하늘 위에 떠 있는 초월적인 도덕 법칙도 아니고, 다수가 행복하면 소수의 희생은 어쩔 수 없다는 공리주의와도 거리가 멀다. 경쟁에 참여할 기회가 형식적으로 보장되기만 하면 결과에는 사회가 일절 개입해서는 안 된다는 자유지상주의와도 선을 긋는다. 헝거게임의 예시는, 롤스의 정의 원칙이 개인의 자유를 최대화하는 사회적 조건을 설득력 있게 제시한다는 걸 보여준다.

이제부터 해야 할 일은, 저 정의 원칙 위에서 우리가 충분히 자유로운지 확인하고, 우리가 덜 자유롭거나 혹은 더 자유로워지기를 원한다면 무엇이 필요한지 살피는 것이다. 그를 통해 기본소득이 자유를 보장하기 위한 필수 수단임을 확인해보자.

자유롭게 두면
자유가 사라진다

'붕괴, 그리고 새로운 시작'. 2015년 한국과학기술원KIST 연구팀이 한국의 20~34세 청년을 대상으로 "바라는 미래상이 무엇인가"를 물어본 설문조사에서 42%가 선택해 1위가 된 대답이다. 2위는 23%가 선택한 '지속적인 경제성장'이다.[12] 청년들은 이 사회는 가망이 없으므로 차라리 망하고 새로 시작하는 게 낫다고 여긴다. '하면 된다'를 되뇌며 살아온 기

부들부들 청년들 "우리는 붕괴를 원한다"
(부들부들 : 떨면서 분노한다는 뜻)

한국 사회에서 누구보다 큰 불안감에 시달려온 세대가 스스로 바라는 미래상으로 '붕괴와 새로운 시작'을 택했다는 사실은 의미심장하다. 붕괴가 초래할 그 어떤 불안과 위기도 현재 자신들이 처한 상황보다 나쁘진 않을 것이라는 절박감의 표출이다. (경향신문, 2016년 1월 1일)

성세대에겐 충격이 이만저만 아니다.

왜 청년들은 차라리 붕괴를 원할까. 수치를 장황하게 늘어놓을 필요는 없겠다. 불평등, 불공정, 아무리 노력해도 높아만 가는 벽, 쉬지 않고 뛰고 또 뛰어도 제자리에만 맴도는 자신. 이런 것들이 이유다. 친구를 만나려 해도 차려입을 옷 한 벌이 없고 데이트를 하려 해도 밥값이 없는데, 친구 만날 자유와 데이트할 자유가 과연 내게 있다고 할 수 있는가. 내 삶은 정말로 나의 것인가.

이 세상은 왜 이런 것일까.

그런데 이렇게 생각하지 않는 사람도 많다. 어느 칼럼니스트는 "서울대 못 간 놈이 비슷한 대접을 바란다면 정말 나쁜 놈이다. 학벌이나 실력에 따라 차등의 대접을 받는 것은 당연한 일이다"[13]라고 썼다. 기성세대만이 아니라 청년들 중에도 많은 수가 이 칼럼니스트처럼 생각한다. 그들은 자신의 성취는 전적으로 자신의 능력과 노력에 의한 것이라고 믿는다. 내가 얻은 성과에 보상해주지 않는다면 누가 능력을 발휘하고 노력을 다하려 하겠느냐고도 말한다. 그러니 사회를 욕하고 처지를 한탄할 시간에 좀 더 자기계발에 힘쓰는 것이 낫다는 것이다.

재능과 노력에 따른 불평등은 당연한 것일까?

아니다. 우선, 남들보다 뛰어난 능력을 가졌다고 더 많은 부를 가질 수 있는 당연한 자격이 주어지지는 않는다. 재능은 기본적으로 타고나는 것이기 때문이다. 다시 말해 운이다. 누가 어떤 재능을 갖고 태어나는가는 내가 사는 마을 어디에서 우물이 솟느냐와 마찬가지로 우연에 달렸다. 우물이 어쩌다 내 집 마당에서 솟았다고 내게 우물을 독점할 정당한 권리가 있다고 말할 수는 없다. 그래서 롤스는 재능을 인류의 공유자산으로 보았다. 그리고 정의 원칙은 재능을 활용해 생긴 이익에 대한 공유를 포함한다고 말한다. "애초에 뛰어난 능력을 타고날 자격이 있거나 사회에서 다른 사람보다 유리한 출발선에 설 자격이 있는 사람은 없다"는 것이다.[14]

둘째로, 그 사람의 재능과 노력을 인정한다 해도 그 외의 요소들이 여전히 그의 성취에 영향을 미치고 있다. 가정환경·교육환경·외모·성격·인맥·거주지·출신지·언어도 플러스 혹은 마이너스 요인으로 작용한다. 영화 〈오피스〉(2015)에서, 전라도 광주에서 자라 서울 한 대기업의 인턴 사원으로 일하는 이미례(고아성 분)는 "사투리를 안 쓰네?"라는 질문에 이렇게 대답한다. "중학교 때부터 안 썼어요." "왜?" "서울에 취직하고 싶어서요." 사투리를 쓰는 사람은 표준말을 쓰는 사람보다 넘어야 할 벽이 하나 더 많다.

실제로 사람들 사이의 재능과 노력의 차이는 '마태효과' 때문에 점점 의미를 잃고 있다. 마태효과란 1968년 사회학자 로버트 머튼Robert K. Merton이 명명한 현상으로, 『신약성서』의 「마태복음」에 나오는 "무릇 있는 자는 받아 풍족하게 되고 없는 자는 그 있는 것까지도 빼앗기리라"는 구절에서 이름을 따왔다. 마태효과는 출발점의 작은 차이가 일으킨 효과가 점점 쌓여 격차를 증폭시키는 현상을 가리킨다.

마태효과를 컴퓨터 시뮬레이션으로 확인하기 위하여, 8단계 서열로 이뤄진 가상의 조직을 설정해 가장 낮은 단계에 동등한 숫자의 남녀 직원을 투입하고 승진할 때마다 남성에게 1%의 우위를 부여했다. 그 결과, 최상층 경영자 집단의 남녀 구성 비율에서 남성이 65%를 차지했다.[15]

또 다른 흥미로운 실험도 마태효과를 보여준다. 1992년 미국의 수학자 조슈아 엡스타인Joshua M. Epstein과 로버트 액스텔Robert Axtei은 '슈가스케이프sugarscape'라는 이름의 시뮬레이션을 만들었다. 그들은 무작위로 설탕이 깔린 공간을 만들고 그 위에 설탕을 찾아다니는 개체들을 배치했다. 이 개체들은 인간처럼 어떤 개체는 힘이 세거나 눈이 좋고, 어떤 개체는 그렇지 못하다. 설탕의 축적은 부의 축적을 의미한다. 개체의 능력을 10등급으로 나누었을 때, 시뮬레이션 초반에는 부유한 개체와 가난한 개체는 소수이고 중간층이 다수로 나타났다. 하지만 시뮬레이션이 반복될수록 중간층이 줄어들면서 개체들은 설탕을 거의 가지지 못한 다수와 설탕을 독점하다시피 한 소수로 나뉘었다.[16]

두 실험 결과는 모두 개체의 능력과 노력이 결과로 정확히 이어지지 않음을 보여준다. 그러기는커녕, 아주 작은 차이로라도 일단 앞선 자는 그때부터 자신의 우위를 이용해 자기 우위를 더 키우고 상대의 기회를 줄인다. 이처럼 우위와 열위는 각각 누적되어 불평등을 점점 크게 만든다. 역전은 거의 불가능하다. 우위가 누적된 집단에 들어온 후발 주자는 앞의 주자만큼 능력이 없고 노력을 덜 해도 훨씬 큰 성과를 얻는다. 그게 이른바 '금수저'의 유리함이다. 반면 열위가 누적된 집단에서 시작한 사람은 앞의 사람보다 실력이 더 뛰어나고 노력을 더 해도 이미 벌어진 간극을 줄이기 힘들다. '흙수저'를 물고 나면 영영 흙수저일 가능성이 큰 것이다.

한국에서 1980년대 과외가 금지되어 있던 기간에 교육받고 사회에 진출한 세대(과외 금지 세대)와, 그 기간 이전 및 이후에 교육받고 사회에 진출한 세대(과외 허용 세대)의 사회적 불평등 정도를 살펴본 결과도 같은 사실을 보여준다. 두 세대 간에 '상위계층 자녀가 커서도 상위계층이 되는 비율'과 '하위계층 자녀가 커서는 상위계층이 되는 비율'을 비교했더니 과외 금지 세대는 16% 차이가 난 데 비해 과외 허용 세대는 24% 차이가 났다. 과외 허용 세대에서 부잣집 자녀가 부자 되고 빈곤층 자녀는 빈곤층이 되는 경향이 더 크다는 뜻이다. 과외 금지로 교육 기회가 상대적으로 평등했던 기간에 학교를 다닌 세대는, 다른 세대에 비해 사회적 지위의 향상을 더 많이 경험했다.[17] 두 세대 사이에 지능이나 성실성이 크게 다를 리는 없다. 이 '자연 실험'은 불평등 정도가 사회의 제도에 따라 달라진다는 사실을 보여준다.

한국 사회가 '다중격차multiple disparities' 상태에 들어섰다는 분석도 나온다.[18] 다중격차란, 소득과 학벌과 일자리와 거주지와 출신 지역과 인적 네트워크 등 여러 영역에서 생겨난 차이가 사슬처럼 연쇄적으로 상호 작용하면서 불평등 구조를 고착화하는 상태를 말한다. 다중격차 사회에서는 가령 입시나 취업조차 그 영역에서만 온전히 벌어지는 경쟁이 아니다. 소득·정보·인맥·경험에서 비롯되는 영향력의 차이는 개인이 타고난 재능이나 성실한 노력만 가지고는 넘을 수 없는 벽이다. 이러한 상황은 개인의 자유로운 선택·노력·책임의 가치를 믿는 사람이라면 결코 받아들여서는 안 되는 현실이다.

자유를 내버려두면 자유가 훼손된다. 자유를 극대화하려면 롤스의 정의 원칙에서 한 걸음 더 나아가야 한다.

자원을 평등하게 나눈
무인도 선원들

장자는 "오리 다리가 짧다고 늘이려 하지 말고, 학의 다리가 길다고 잘라서 줄이려 하지 말라"고 했다. 짧으면 짧은 대로, 길면 긴 대로 가치가 있지 않은가?

흔히 기회의 평등이 보장된 사회가 정의로운 사회라고 말한다. 하지만 그것만으로는 뭔가 부족하다. 명문 대학, 대기업에 들어갈 기회는 물론 차별 없이 누구에게나 동등하게 열려야 한다. 하지만 명문대와 대기업에 가지 않고, 하고 싶은 일을 하며 살아도 행복할 수 있어야 하지 않을까? 그것이 더 정의로운 사회다. 뭘 선택해도 삶이 보장되는 것, 이것이 기회의 평등만큼이나 중요하다. 하지만 그런 자유를 누리기는 쉽지 않다.

미국의 정치철학자 로널드 드워킨은 『자유주의적 평등』에서 자유는 기회의 평등에 머무르지 않는다는 점을 보여주려 한다. 그는 한 가지 사고실험을 제기한다. 그는 우리가 무인도에 상륙한 난파선 선원들이라 가정해보자고 한다. 구조될 가능성은 없으며, 선원들은 이곳에서 새로운 사회를 구성해야 한다. 선원들은 어떤 규칙에 합의할 것인가?

선원들은 무인도의 자원을 평등하게 분배하기로 합의할 것이다. 섬에는 토지·곡물·열매·가축·물고기 등의 자원이 있다. 선원들은 모두 동등한 '자원 꾸러미'를 나눠 가지기로 한다. 선원들은 이 섬에서 누구나 자신이 원하는 최선의 삶을 살 자유가 있으며, 그러려면 삶의 출발점에서 동등하게 자원을 소유해야 한다고 믿는다. 이것을 드워킨은 '자원의 평등'이라 부른다. 자원의 특성상 사람 수대로 쪼개어 주는 게 나은 자원이 있고, 한 덩어리로 두고 공동으로 활용하는 게 나은 자원도 있겠지만 그런 차이는 일단 무시한다.

선원들은 자원을 동등 분배하는 데서 끝내지 않고 자원을 서로 일부 교환할 것이다. 왜냐하면 각자 추구하는 가치와 선호하는 자원이 다르기 때문이다. 농부가 되려는 갑은 목축을 하려는 을에게 양을 주고 곡물 씨앗을 얻는다. 과수원을 하고 싶지만 해안에 인접한 땅을 가진 병은 어부가 되고 싶지만 숲이 많은 땅을 가진 정과 서로의 땅을 교환한다. 이처럼 교환을 거듭하여 모두 더 이상 바꿀 게 없는 이상적인 꾸러미를 만들었다고 하자. 드워킨은 이를 "선망 검사envy test를 통과했다"라고 표현한다. 이제 선원들은 남의 삶을 부러워하지도 않고 남이 가진 자원을 질투하지도 않으면서 자기 삶을 꾸려나갈 것이다.

드워킨의 사고 실험은 다음을 보여준다. 자유를 누리려면 물질적 기초가 우선 보장되어야 한다. 그것이 정의다. 자원은 경쟁에서 이겼을 때만 획득하는 대상이어선 안 된다. 자원은 출발점에서 조건 없이 모두에게 평등하게 주어져야 한다. 경쟁에 참여하든 안 하든 누구나 자기 몫의 자원을 받아야 하는 것이다. 자유는 자기 삶을 스스로 책임질 자원을 가진다는 것을 의미한다. 다시 말하면 자원이 없으면 자유로울 수 없다. 이는 경쟁 기회가 공평한 것과는 다른 문제다.

무인도로 돌아가자. 동등한 자원 꾸러미가 출발선에서 주어지고 시간이 지났다. 이제 각자 보유한 자원의 양이 변화했다. 누군가는 처음에 가진 것보다 재산이 늘었고 또 누군가는 줄었다. 변화의 이유는 다양하다. 부지런히 일한 농부나 상인들은 재산을 늘렸을 것이고, 시인이나 요가 수행자가 된 사람은 대체로 재산이 줄었을 것이다. 시집이 베스트셀러가 되거나 요가학원을 차려 수강생이 미어터지지 않는다면 말이다. 또는 예상하지 못한 가뭄이나 홍수에 큰 피해를 당한 사람도 있을 것이다. 몹쓸 병에 걸려 무력하게 누워 있었던 사람도 있다. 아무튼 섬에 불평등이 발생했다. 불평등 때문에 자원의 재분배를 논의해야 한다.

어떤 선원은, 자원을 똑같이 나눠주고 시작했으므로 지금 와서 차이가 나도 각자의 책임이라며 재분배에 반대할 것이다. 그러나 드워킨은 선원들이 자원의 재분배를 선택할 것이라고 말한다. 섬에 들어온 직후 그들이 '자원의 평등 분배' 원칙에 합의했을 때, 그것이 최초에 딱 한 번만 한다는 뜻이 아니었기 때문이다. 만약 최초의 합의 시점에 누군가가 "그 분배는 오늘 한 번만 하는 거요, 아니면 주기적으로, 가령 1년에 한 번씩 하는 거요?"

라고 물었다고 생각해보자. 사람들은 모두 앞날에 무슨 불운한 일이 생길지 모른다는 마음으로 정기적 재분배에 동의했을 것이다. 처음 시작할 때 그렇게 합의했다면 나중에 가서 재분배를 반대할 수 없다. 자원의 재분배는 자원의 평등이라는 원칙에 처음부터 포함된 내용이다.

그러나 자원을 재분배하더라도 처음에 가졌던 꾸러미와 똑같게 할 이유는 없다. 드워킨은 재분배의 원칙으로 "소망에 민감하고 여건에 둔감할 것"을 주장한다. 여건이란 타고난 능력, 장애 여부, 물려받은 성격, 환경의 영향 같은 것이다. 여건은 자신이 선택할 수 없는 것이므로 개인에게 책임을 물을 수 없다. 그러므로 여건에 의해 각자의 몫에 차이가 발생하는 것은 정당하지 않다. 반면 소망은 개인의 선택 또는 의지와 관련 있다. 따라서 소망 때문에 발생한 차이는 개인이 책임을 져야 한다.

철수는 그동안 요가 수행에 전념하느라 노동시간을 줄였고, 창수는 개인 요트를 갖고 싶어서 노동시간을 늘렸다고 하자. 이것은 각자의 자유로운 소망에 따른 것이므로, 더 길게 일한 사람이 적게 일한 사람보다 큰 몫을 가져가는 것은 정당한 분배로 인정된다. 그렇다면 재분배 결과는 이렇다. 철수와 창수 모두 최초 출발점에서 가졌던 자원 꾸러미를 일단 다시 가진다. 다만 창수에게는 그가 노동으로 생산한 몫을 꾸러미에 더해준다. 이것이 소망에 민감하고 여건에 둔감한 분배다. 철수는 앞으로도 생계 걱정 없이 요가 수행을 하며 자아를 찾는 여행을 계속하고, 창수는 땀 흘린 보상으로 멋진 요트를 얻어 낚시 여행을 떠난다.

9급 공무원 시험 경쟁률이 보통 50 대 1이 넘어가는 게 보통인 세상이다. 다해서 약 3만 명을 뽑는 7~9급 공무원 시험을 준비하는 '공시생'이 한국에 40만 명이라고 한다. 수많은 청년들이 편의점 도시락으로 식사를 대신하면서 인생의 가장 창조적인 시기를 고시원에서 보낸다. 공무원 시험이 한 점 부정도 없이 관리되고, 시험공부에 매진할 수 있는 여건을 수험생에게 어느 정도 공평히 갖춰준다고 해서 이 현실 속 청년들이 자유롭다고 할 수 있을까?

자유란 다르게 살 자유를 포함한다. 다르게 살 자유는 자원의 평등 위에서 보장된다. 즉 자유는 사회적 부의 정기적인 재분배를 요구한다.

실질적 자유와
기본소득

드워킨은 자원의 평등과 주기적 재분배를 현실에서 구현하기 위해 정부의 개입을 요청했다. 즉 자유와 정의의 관점에서 복지국가를 정당화한 것이다. 정부가 누진 소득세로 재원을 마련해 교육·의료·일자리 복지를 실현하면 이는 난파선 선원들이 동등한 자원 꾸러미를 갖고 삶을 시작하는 것과 비슷하다고 하겠다.

그러나 공공복지를 강화하는 것만으로 될까? 아니다. 최대한의 자유로 가려면 무언가 더 있어야 한다. 기본소득을 주어야 한다. 왜일까?

현금은 각자가 필요한 것을 가장 효율적으로 확보할 수 있게 해준다. 화폐의 유용성에 대해 경제학자이자 아일랜드 더블린의 대주교였던 리처드 와틀리Richard Whately는 1837년에 이렇게 썼다. "돈은 무척이나 유용하다. 가난한 사람은 내가 그에게 줄 수 없는 것을 원할 수 있다. 이때 그에게 돈을 주면 그는 자신이 원하는 것을 정확히 얻을 수 있다. 그것이 빵이든 옷이든 석탄이든 책이든 상관없이 말이다."[19]

와틀리는 돈의 유용성에 관해 오래전 유대 땅에 일어난 대기근을 사례로 든다. 그리스의 기독교인들은 유대 땅의 가난한 기독교인을 구하고 싶었다. 하지만 곡식을 보내자니 그만큼 많은 곡식을 확보할 수도 없을뿐더러 그리스에서 유대까지 거리상 그 곡식을 수송하기란 불가능했다. 그리스인들은 작은 방 하나에 가득 찰 만큼 돈을 모았고 사도 바울에게 유대까지 가져가도록 부탁했다. 바울은 배에 돈을 실어 유대로 가져 가, 유대 땅 주변에서 곡식을 사서 굶주린 기독교인들을 구했다.

어떤 사람은 화폐를 나눠준다는 발상에 거부감을 나타내면서 직접 쌀이나 옷을 줘도 되지 않느냐고 한다. 하지만 화폐의 힘, 즉 구매력은 같은 값의 현물과 비교할 수 없다. 100만 원의 돈과 100만 원어치의 쌀(또는 빵이나 옷)이 테이블 위에 있다면 무엇을 택하겠는가? 화폐경제에서 둘의 의미는 결코 같지 않다. 화폐로는 원하는 것은 무엇이든 교환할 수 있지만 현물로는 그럴 수 없다. 또 현물은 환경에 따라 변질되기도 하고, 교환할 때 제 가치를 받지 못할 수도 있다. 그래서 노동자의 임금을 줄 때도 반드시 '현금 급여'로 지급하라고 법에 명시되어 있다.

공공복지와 기본소득은 서로 충돌하지 않는다. 공공복지든 기본소득이든 모두 사람들이 보다 더 평등한 출발점에 서도록 만든다. 하지만 그 출발점에서 오른쪽이든 왼쪽이든 각자 원하는 길을 선택하려면 기본소득이 필요하다. 공공복지와 기본소득은 둘 다 사람들에게 '자유의 조건'을 마련해주는데, 기본소득은 이에 더해 '자유의 수단'까지 준다.

현대 기본소득 운동의 대표적 이론가 필리프 판 파레이스는 형식적 자유와 실질적 자유를 구분한다. 형식적 자유는 내가 무언가를 할 권리를 갖고 있음을 말한다. 이에 비해 실질적 자유란, 무언가를 할 권리를 가질 뿐만 아니라 그 일을 하는 데 꼭 필요한 수단도 가지는 것이다.[20] 파레이스는 기본소득이 실질적 자유를 위한 필수 수단이라고 한다. 기본소득은 기회의 평등을 넘어, 다르게 살 자유를 준다.

여의도 불꽃놀이 축제가 멋지다고 다들 난리다. 나는 불꽃놀이 축제에 가고 싶으면 갈 권리가 있다. 못 가게 막는 이가 없기 때문이다. 하지만 여의도까지 다녀올 차비가 없다면 그 권리는 내게 아무 소용이 없다. "애인과 제주도에 가고 싶었지만, 비용이 부담되어서 포기했어요"라고 말하는 비정규직 청년과, "상사의 비리를 목격했지만, 괜히 나섰다 잘리면 식구들 생계는 누가 책임지나요?"라고 말하는 직장인에게 과연 제주도에 갈 자유, 상사의 비리를 고발할 실질적인 자유가 있는 것일까? 축제를 보려면 여의도에 갈 차비가 있어야 하고, 제주도에 가고 싶으면 비행기 티켓을 끊을 돈이 있어야 하며, 비리에 분노하는 정의감을 가졌다면 생계 걱정으로 망설이지 않고 비리를 고발할 수 있어야 한다.

기본소득은 그래서 필요하다. 또한 그래서 정당하다. 기본소득이 주어지면, 그리고 그 액수가 크면 클수록 '모두를 위한 실질적 자유'는 더 가까이 오게 된다.

기본소득이 정당한 이유 4: 주권 실현의 필수조건

흔히 우리는 '자유롭다'는 말을, 누가 귀찮게 간섭하지 않는 것이라고 여긴다. 부모가 게임 좀 그만하라고 간섭하지 않는다면, 내가 번 돈에 정부가 세금이라는 명목의 간섭을 하지 않는다면 더 자유로울 것이라고 여긴다. 그런데 자유에 대한 시각을 넓혀보면, 자유는 단지 타인의 간섭을 받지 않는 상태만을 뜻하지 않는다.

주인의 집을 관리하는 노예를 생각해보자. 주인은 여행을 떠나면서 노예에게, 자기가 돌아오려면 1년이 걸릴지 2년이 걸릴지 모르니 그때까지 집을 잘 관리하라고 명령했다. 집안에는 먹을 것과 마실 것이 풍족하다. 노예의 생활수준은 어지간한 자유인보다 낫다. 주인이 없으니 이래라저래라 간섭하고 지시하는 사람도 없다. 노예는 집 관리라는 명령을 받드는 한, 잠을 자든 쇼핑을 하든 잔치를 벌이든 마음대로 할 수 있다. 그러면 이 노예는 자유로운가? 그렇다고 할 수 없다. 비록 간섭을 받지 않더라도 그는 주인에게 복종해야 하는 존재다. 가능성이 적더라도, 어느 날 주인은 노예에게 집 관리는 다른 사람에게 맡기고 이제부터 광산에 나가 일하라는 명령을 편지에 써서 보내올 수 있다.

공화주의 이론가 필립 페팃Philip Pettit은 '간섭 없는 자유'와 '지배 없는 자유'를 구분한다.[21] 위의 이야기처럼 일상적으로 간섭받지 않고 살지만, 본질적으로 주인에게 지배받는 사람이 있을 수 있다. 반면 자기 외의 주인은 없지만, 종종 여러 가지 간섭을 받는 사람이 있을 수 있다. 공공질서를 지켜야 하고, 세금을 내야 하며, 외적이 쳐들어오면 나가 싸워야 하는 것처럼 말이다. 그렇다면 타인의 지배를 받든 말든 간섭만 없으면 자유인인가, 아니면 공동체의 요청에 따라 간섭을 받는 한이 있어도 타인의 지배만은 거부하는 것이 자유인인가?

공화주의에서는 타인의 지배를 거부하는 것이 자유인이라고 정의한다. 그리고 공동체는 이런 자유로운 시민으로 이루어져야 한다고 주장한다. 공화주의의 핵심 내용은 대략 이렇다.

첫째, 공화주의는 정치공동체를 모두의 것res publica으로 본다. 정치공동체는 특권층의 사유물이 아니다. 이 'res publica'에서 공화국을 가리키는 영어 단어 'republic'이 나왔다. 둘째, 정치공동체의 구성원은 자유인이어야 한다. 자유인은 법을 제외한 누구의 지배도 받지 않고, 다만 법의 정당한 명령에 의한 간섭은 허용한다. 셋째, 정치공동체의 최고 가치는 자유인의 공동 이익인 '공공선'이다. 모든 공적인 결정은 공공선에 부합해야 한다. 이때 공공선은 개인 위에 공동체가 있다는 전체주의와 다르다. 마키아벨리에 따르자면 공공선은 "남에게 예속되기를 원하지 않고 남을 사적으로 지배하려는 욕심도 없는 그런 시민들에게 이로운 것"이다.[22] 넷째, 정치공동체 시민의 미덕은 공공선에 대한 참여다. 자유주의에서는 개인에게 자기 자유에 따른 책임 이상을 요구하지 않는다. 하지만 공화주의에서는 시민에게 공적 사안에 참여할 의무와 책임을 요구한다.

2016년 7월 교육부의 한 고위 공무원이 "민중은 개돼지와 같다. 먹고살게만 해주면 된다"라는 발언을 했고, 사람들은 분노했다. 이 분노의 감정은 위와 같은 공화주의 정신에서 비롯된다. 우리는 단순히 '개돼지'라는 말이 우리를 비하한다고 여겼기 때문에 분개한 것만은 아니다. 그 공무원이 마치 조선시대 양반이 머슴을 바라보듯, 중세 유럽의 영주가 농노를 바라보듯 국민을 대했기 때문이다.

1987년 6월항쟁의 결과로 탄생한 현재의 대한민국 헌법은 공화주의 사상에 기초한다. 헌법 제1조 1항은 "대한민국은 민주공화국이다"이며, 2항은 "대한민국의 주권은 국민에게 있고 모든 권력은 국민으로부터 나온다"이다. 그런데 이 공무원의 막말에서 보듯 국민들은 주권자로 정당하게 대접받지 못하고 있다. 우리는 자유인으로서 주권을 행사할 수 있어야 한다. 그렇지 못한다면 우리는 계속 개돼지라 폄하당할 것이다. 기본소득은 우리가 주권을 당당히 행사할 수 있도록 해줄 수 있다.

정치에 참여하려면
소득이 필요하다

기원전 5세기, 그리스 아테네 시민들은 공적 결정을 내리기 위해 수시로 민회를 열었다. 많이 열릴 때는 1년에 40차례의 민회assembly가 열렸다. 당시 시민권을 가진 시민 수는 약 3만 명으로, 이 가운데 6000~1만 명 정도가 민회에 참가했다. 민회 참가자는 정부로부터 급여를 받았다. 또 시민들은 제비뽑기로 자기들 중에 행정 공무원, 배심원, 군대 지휘관, 예술 비평위원, 종교행사 진행자를 뽑았다. 1년에 배심원으로 6000명, 민회 결정의 집행을 맡기기 위해 500명, 그 밖의 공직을 맡기기 위해 500명을 뽑았으며 이들도 모두 급여를 받았다.

즉, 아테네 사회는 늘 절반에 가까운 시민이 기본 생계를 보장받으면서 공무를 맡아서 했다. 모든 시민에게 수시로 공직에 나갈 기회가 돌아왔다. 시행착오는 있었겠지만, 그것을 경험으로 삼아 학습하며 시민들은 역량을 발전시켰다. 그리하여 아테네는 역사상 최초의 민주주의를 꽃피웠다. 아테네 민주주의의 비결은 인구가 작아서가 아니다. 시민에게 공적 참여의 기회와 더불어 참여를 가능하게 하는 물질적 여건을 보장한 덕분이다. 민주주의는 시민 참여로 이루어진다. 참여는 시민의 미덕이기도 하다. 하지만 시민이 공적 문제에 자유롭게 참여하기 위해서는 적정한 조건이 갖추어져야 한다. 무엇보다 시민 각자에게 충분한 소득이 있어야 한다.

시민이 충분한 소득을 확보하는 것이 공적 참여와 무슨 상관이 있는가? 우선, 그 시민의 생계가 어렵다면 자기의 주권을 매수당할 수 있다. 직접적인 금품 따위를 제공받고 표를 찍어주는 일은 말할 것도 없고, 눈앞의 이익만 보고 공공선 전체를 생각하지 못하는 것도 매수되는 것과 마찬가지다. 환경과 다음 세대의 삶에 부정적인 결과를 미칠 수 있는 핵발전소·핵폐기물처리장 건설 같은 문제를 당장 자기에게 돈이 되는지 집값이 오르는지 등의 기준으로 결정해버리는 것이 그러한 예다. 그래서 장 자크 루소는 "공화국에서는 어느 누구도 자신을 팔 만큼 가난해서는 안 되며, 어느 누구도 남을 살 만큼 부유해서도 안 된다"[23]라고 말했다.

또한 시민이 생계 노동에 바쁘면 공적 사안에 관심을 가질 여유도 없고, 실제 참여하기도 어렵다. 이는 선거 투표율에서 잘 드

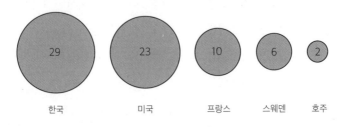

[그림] 2011~2014년 주요국 상위 20% 계층과 하위 20% 계층의 투표율 차이

한국 29　미국 23　프랑스 10　스웨덴 6　호주 2

(단위: %포인트, 자료: OECD)

러난다. 2012년 미국 대선에서 연소득 15만 달러 이상의 유권자는 80%가 투표에 참여했지만, 연소득 1만 달러 이하 유권자는 47%만이 투표에 참여했다. 심지어 소득 상위 1%에 속하는 부자는 99%가 투표에 참여했다.[24] 한국에서도 강남 3구의 투표율은 언제나 전체 투표율보다 높다. 위의 [그림]에서 보듯 한국은 소득 상위 20%와 소득 하위 20%의 투표율 차이가 29%인 데 비해 북유럽 복지국가 스웨덴은 그 차이가 고작 6%, 호주는 2%에 불과하다. 한국이나 미국처럼 불평등이 심할수록 가난한 사람은 투표를 잘 하지 않는다. 가난한 사람은 장시간 노동과 생활고에 지쳐 다른 일에 신경을 쓸 여력이 없기 때문이다.

　공적 사안에 참여하려면 정보력·판단력·토론 능력도 필요하다. 하지만 소득과 시간 여유가 부족한 사람들은 이런 역량을 갖추기가 힘들다. 그래서 정부의 정책이 누구에게 유리하고 불리한지 제대로 파악하지 못한다. 그들은 왜곡된 정보에 휘둘려 감정적인 판단을 내릴 수도 있다. 노무현정부가 고가 부동산 보유자에게 과세하기 위해 종합부동산세(종부세)를 도입했을 때, 한 언론사 기자가 서울역 광장의 노숙인에게 요즘 지내기가 어떠냐고 질문했다. 대답이 이랬다고 한다. "너무 힘듭니다. 그놈의 종부세 때문에."

이렇게 되면 민주공화국의 공공선은 공동의 이익이 아니라 부자들의 이익으로 변질된다. 앞에서 본 마태효과는 정치에도 작용된다. 우위를 점한 세력은 제도와 예산을 그 우위를 강화하는 데 써서 우위를 증폭시킨다. 부자들은 투표할수록 자기 이익에 부합하는 정치적 결과가 나오므로 더 적극적으로 참여하고, 가난한 사람들은 투표해봐야 자기 뜻과 통하는 결과가 나오지 않으므로 더 소극적으로 돌아선다. 정치에 대한 냉소는 이렇게 해서 더 깊어진다.

기본소득이 생기면 어떻게 될까. 물론 기본소득을 준다고 당장 모든 시민들이 정치에 적극 참여하게 되지는 않을 것이다. 하지만 생계 부담에서 벗어나면 점차 사회에 관심을 가지게 될 것이라 기대할 수는 있다. 시간적 여유를 얻게 돼 정보력과 판단력을 향상시킬 기회도 가질 것이다. 혼자만 여유를 얻는 게 아니라 시민 모두가 그렇게 되므로, 시너지 효과가 나고 결과적으로 공적 결정의 질이 높아진다. 공적인 결정에 더 많이 참여할수록 시민들은 정치공동체와 자신과의 일치감을 느끼게 될 것이다. 참다운 의미의 공동체 의식과 애국심이 기본소득으로부터 싹틀 수 있다.

사회민주주의센터 정승일 공동대표는 이렇게 말한다. 기본소득을 지지하는 발언은 아니지만 기본소득의 정신과는 아주 잘 통한다. "전세계에서 스웨덴과 독일만이 원자력발전소를 폐쇄하기로 결정했는데, 두 나라의 특징은 모두 복지국가라는 점이다. 원자력발전소의 단계적 폐쇄를 좌파 정당과 우파 정당 모두 공감할 정도로 국민적 합의가 형성되어 있다. 만약 두 나라에 가난과 실업이 만연한다면 그러한 합의가 가능했을까? 당장 자식들 먹일 음식과 잠자리가 불안한 사람들이 널렸는데 그 나라 정치인들이 원자력발전소 폐쇄 같은 의제에 집중할 수 있을까?"[25]

제16차 기본소득 지구네트워크 대회 마지막 날, 독일 연방의원 카티야 키핑Katja Kipping이 '기본소득, 민주주의의 조건'이라는 주제로 강연했다. 키핑은 1999년 22세 나이에 작센주 의원으로 당선되었고, 2005년부터 지금까지 세 차례 연방의원에 당선되었다. 그는 기본소득 독일네트워크의 창립 발기인이며 2016년 현재 독일 좌파당의 공동대표다. 키핑은 강연을 시작하면서, 지금 기본소득에 대한 관심이 독일에서도 높지만 10년 전 자신이 기본소득을 주장했을 때 주변 사람들로부터 "저 여자가 미쳤나 보다"라는 말을 들었다며 웃었다.

키핑은 독일 연방의회에서 있었던 이야기를 전했다. 연방의원들은, 의원이 충분히 높은 급료를 받아야 외부 압력으로부터 독립성을 유지하고 올바른 결정을 할 수 있다면서 의원 세비 인상을 주장했다. 키핑은 의원들에게 되물었다. 독일 시민들도 올바른 결정을 내리려면 독립성을 유지하기에 적절한 물질적 지원이 필요하지 않은가? 독일 시민에게도 세비를 지급하자!

키핑은 그런 의미에서 기본소득이 "충분한 액수여야 한다"고 강조했다. 기본소득이 먹고 사는 부담을 실제로 덜어줄 만큼 충분해야 사람들이 정치를 비롯한 사회 활동에도 적극 참여할 수 있다. 키핑은 지그문트 바우만의 말을 빌려, 공화국이 튼튼하게 존립하려면 "삶에 자신감을 가진 사람들, 삶에 걱정거리가 없는 사람들의 연합"이어야 한다고 강조했다. 그런 연합이어야 외부의 위협과 내부의 부패를 모두 이겨낼 것이다.

키핑의 강연에서 인상적인 부분은 '시민'을 어떻게 규정할까에 대한 것이다. 우리는 평소 만나는 사람들이 나와 같은 시민임을 알고는 있지만 정확히 무슨 공통점이 있는지 생각해본 적 없다. 대한민국에 사니까 혹은 서울에 사니까 시민인가? 그것은 너무나 피상적인 규정이다. 나, 너, 그리고 우리는 어떻게 '시민'이라는 호명을 통해 서로 이어지는가? 키핑은 그것을 '공적 활동'으로 본다. 공공의 문제에 함께 관심을 갖고 참여하는 것이 시민의 공통성이자 정체성이다. 1789년 7월에 프랑스대혁명이 시작되자 파리 거주민들이 서로를 '시민'이라 부르면서 모자에 나뭇잎을 꽂아 시민의 표지로 삼은 것은, 시민이 본래 정치적인 호명임을 보여준다. 그렇게 본다면 시민이 공적 활동에 참여할 수 있도록 물질적·시간적 조건을 갖추는 일이 민주주의 사회의 중요한 과제일 수밖에 없다.

　기본소득 도입은 바로 이 조건을 평등하게 제공하는 일이다. 기본소득은 우리를 시민으로 만들고 서로가 서로를 시민으로 온전히 인정하게 해준다. 기본소득은 그래서 민주공화국의 필수 조건이다. 기본소득은 시민 하나하나를 민주공화국의 진정한 주권자로 만든다.

　우리는 기본소득을 받을 자격이 있다. 기본소득은 공유자원에 대한 권리이며, 사회적 협업에 대한 보상이다. 또한 기본소득은 자유를 위한 필수 수단이자 국민주권을 실현하는 불가피한 조건이다. 그러니 쭈뼛거릴 필요가 없다. 당당히 요구하자.

기본소득의 재원,
어떻게 마련할까

　　　　　"한 해 2000파운드와 300파운드의 차이는, 300파운드와 0파운드의 차이에 비하면 아무것도 아니다." 영국 시인 스테판 스펜더의 말이다. 적어도 굶을 걱정은 하지 않아도 된다는 안도감은, 메뉴판에서 좀 더 비싼 메뉴를 고르지 못하는 아쉬움과는 비교할 수 없다.

　이는 기본소득의 액수를 정하는 문제에도 적용된다. 보건복지부가 발표한 2019년 기준 4인 가구 최저생계비가 매달 약 184만 원, 1인 가구는 약 68만 원이다. 기본소득이 최저생계 보장이라는 취지에 부합하려면 최소한 68만 원보다 많아야 한다. 그러나 기본소득을 최초 도입할 때부터 그 액수 이상 가능하다고 확신하기는 어렵다. 중요한 점은, 약간의 기본소득이라도 있는 게 없는 것보다 낫다는 사실이다. 일단 도입하면 사람들은 기본소득의 혜택을 느낄 것이고, 기본소득에 대한 지지가 늘면서 액수는 차차 오르게 될 것이다.

자, 이 책을 마무리하기 전에 어떻게 보면 가장 어려운 문제를 언급해야 한다. 기본소득의 재원은 어떻게 마련할 것인가?

보수와 진보를 떠나 많은 사람들이 엄청난 재정이 든다는 이유로 기본소득이 비현실적이라고 비판한다. 그런데 이 질문이 유의미하려면 "얼마의 기본소득인가"를 먼저 제시해야 한다.

극단적인 두 가지 경우를 다 생각해보자. 아주 적은 금액, 이를테면 매달 5만 원을 준다고 해보자. 5만 원씩 국민 5000만 명에게 준다면 1년에 약 30조 원의 예산이 든다. 한국의 GDP가 약 1500조 원, 국가 예산이 380조 원이다. 5만 원 기본소득은 증세 없이도 계획만 잘 세우면 바로 가능하다. 물론 5만 원 기본소득으로는 기대하는 효과를 충족하기 힘들 것이다. 반대로 생계 노동이 필요 없을 정도로 큰 금액, 가령 매달 300만 원을 주는 경우는 어떤가? 300만 원 기본소득은 최대한의 증세를 한다고 해도 당장은 실현 불가능하다. 요점은, 필요한 재원의 규모는 어떤 기본소득이냐에 따라 달라진다는 것이다. 막연히 돈이 많이 들 거라는 식의 추상적인 비판은 논의에 그다지 도움이 되지 않는다.

그렇다면 1인당 매달 30만 원의 기본소득을 준다고 해보자. 이 경우에는 재원을 마련할 수 있는가? 필요한 예산은 연간 약 180조 원이다. 기본소득을 연구해온 경제학자 강남훈 교수에 의하면, 충분히 가능하다.

조세부담률과 사회보장부담률(건강보험, 국민연금 등 사회보험 부담 비율)을 합쳐 총조세부담률이라고 한다. 총조세부담률은 그 나라가 생산한 전체 부 가운데 어느 정도를 공공재와 복지에 사용하는지 비교하는 기준이 된다. 덴마크·핀란드 등 복지 선진국의 총조세부담률은 GDP 대비 50%에 이른다. 많이 부담하지만 그만큼 많이 혜택을 누리는 '고부담·고복지' 유형이다. 이에 비해 한국의 총조세부담률은 2014년 기준으로 GDP 대비 약 25%다. 적게 부담하고 그만큼 복지 혜택도 적은 '저부담·저복지' 유형이다.

한국이 OECD 평균 총조세부담률인 약 35%를 목표로 지금보다 10%만 부담률을 늘린다고 하자. 한국 GDP가 약 1500조 원이므로, 10%면 150조 원을 추가로 걷는 것이다. 그런데 기본소득을 지급할 때는 이미 주고 있는 연금·수당·보조금은 기본소득이 기존 수당보다 크다는 전제에서 기본소득에 통합할 수 있다. 이를 고려하면 30만 원 기본소득을 보장하는 데 실제로 필요한 재원은 약 160조 원이다. 모자라는 20조 원 정도는 예산 사용을 절감하여 확보하면 될 것이다.[26]

만약 북유럽 국가와 같은 수준으로 총조세부담률을 50%까지,

즉 지금보다 25% 높인다면 약 370조 원이 추가로 생긴다. 이 재원이면 최저생계비에 근접한 60만 원의 기본소득을 지급할 수 있다. 혹은 30만 원 기본소득과 무상의료·무상교육·무상급식을 일괄 보장하는 것도 가능하다.

기본소득 보장이 먼저냐, 북유럽식 복지사회가 먼저냐 하는 논쟁이 예전에 있었다. 하지만 복지 예산을 키워야 한다는 점에서는 기본소득 지지자와 북유럽식 복지국가 지지자의 입장이 같다. 스웨덴 수준의 복지국가로 가려고 해도 GDP의 50%를 복지국가 예산으로 사용해야 한다. 그것은 400조 원이 넘는 돈이다. 기본소득의 '현실성' 문제는 기본소득을 줄 만큼의 부가 우리 사회에 과연 존재하느냐가 아니다. 부는 충분히 존재한다. 그 부를 어떻게 거두어 어떻게 나눌 것인가가 문제다.

기본소득이든 북유럽식 복지국가든 증세 없이는 불가능하다. 물론 증세는 결코 말처럼 쉬운 일이 아니다. 하지만 복지를 늘려야 한다면서 증세를 회피하는 것은 무책임하다. 기본소득이 미래에 불가피한 정책이라면, 정치인들은 국민 대다수가 자기가 낸 세금보다 더 큰 기본소득을 받도록 제도를 설계하고, 이를 가지고 국민을 끈질기게 설득해야 한다.

그러기 위해서는 증세 전략이 필요하다. 예를 들어 먼저 부자와 재벌과 불로소득자부터 세금을 올리고, 그러고 나서 서서히 보편적 증세로 가는 것이 한 가지 전략이다. 이 전략에서는 우선 소득세 과세 구간을 조정하고 누진율을 높여야 하며, 법인세와 상속세도 올려야 한다. 이어 부동산 수익, 이자 수익, 주식 배당, 주식 양도 차익 등 불로소득에 매기는 세율도 높여야 한다.

고소득자·대기업·불로소득자로부터 먼저 세금을 걷으면서 조세 정의를 실현해야 다수 국민들도 세금을 낼 마음이 생긴다. 먼저 확보한 재원으로 기본소득을 지급하면서 국민적 동의를 얻은 다음, 이제 보편 증세를 추진해야 한다. 기본소득이 일단 지급되면 자연스럽게 기본소득 지지층은 두터워질 것이다. 그때는 필요에 따라 기본소득 재원 마련을 위한 용도의 목적세도 도입할 수 있다.

고소득자에게 증세하자고 하면 경제가 위축될 거라는 반론이 늘 제기된다. 그러나 조세 부담률이 세계 최고 수준인 덴마크·노르웨이는 경제 전문가들도 인정한 '기업하기 좋은 나라' 1,2위에 꼽힌다. 심지어 IMF에서도 2015년에 전세계 150개국 경제를 분석해보고 나서 "부의 낙수효과 이론은 틀렸다"고 인정했다. 상위 계층의 소득이 증가할 때보다 하위 계층의 소득이 증가할 때 경제성장률이 더 크게 올라간다는 사실이 확인되었기 때문이다.

"천연자원은 공유재"라는 철학에 기초하여 일부 세금 수입은 전액 시민배당으로 돌려주어도 된다. 가령 생태세와 토지세가 그 목적의 세금이 될 수 있다. 한 연구자는 생태세를 화력 및 원자력발전사업자에게 부과하면 약 30조 원을 거둘 수 있다고 예상한다. 에너지 비용은 오르겠지만, 대다수 국민이 비용 부담보다 배당금으로 더 이익을 얻도록 설계할 수 있을 것이다. 토지의 경우, 현행 0.1~0.2%대로 너무 낮은 토지세를 1%까지 올린다면, 한국의 민간 보유 토지 시가 약 3300조 원을 기준으로 33조 원을 환수할 수 있다. 이는 연간 토지불로소득 규모로 추정되는 200조 원에서 16%가량을 되찾아오는 것이다.[27] 33조 원이면 성남시 청년배당을 당장 전국으로 확대할 수 있는 돈이다. 2016년 현재 청년 인구(15세~29세, 약 950만 명) 전부에게 다달이 25만 원씩 지급 가능하다.

과세 대상으로 포착되지 않는 지하경제의 돈도 흡수해야 한다. 그러기 위해선 일정 액수 이상 거래할 때는 전자거래를 의무화하고, 선진국에 비해 낮게 매겨진 부가가치세를 높여야 한다. 어떤 이들은 부가가치세가 고소득층이나 저소득층에게 똑같이 걷는 세금이라 과세 형평성에 어긋난다고 비판하고는 하는데, 세제를 어떻게 설계하느냐에 따라 다른 문제다. 대다수 국민들은 낸 세금보다 더 많은 기본소득을 받을 수 있도록 하면 된다. 소수의 부유층은 받은 기본소득보다 더 많은 세금을 내게 될 것이다. 그리고 부가가치세는 대량소비를 줄여 생태계 파괴를 막기 위해서도 필요하다.

기본소득에 동의하는 사람도 증세 이야기만 나오면 주저한다. "기본소득은 좋지만, 내가 내는 세금이 많이 오르는 것은 싫다." 복지를 제대로 체험해본 적이 없는 한국인들로서는 사실 자연스러운 반응이다. 하지만 진정한 복지를 누리기 위해서라도 잘못된 과세 편견을 던져버려야 할 필요가 있다. 행동경제학에서는 사람들이 눈앞의 혜택을 보고 멀리 있는 비용은 보지 못하거나 (신용카드를 이용한 소비가 그러하다), 반대로 당장 내는 비용에 놀라 장차 돌아올 더 큰 혜택을 보지 못하는 점을 지적한다. 하나의 가상의 예를 생각해보자.[28]

로빈슨 크루소와 프라이데이가 사는 섬에 또 한 명이 표류했다. 그의 이름은 새터데이다. 셋은 사이좋게 지냈지만, 능력에 따른 분배 원칙에 따랐으므로 빈부의 차이가 났다. 그러던 어느 날 새터데이가 다리를 다쳐 일을 하지 못하게 되었다. 다친 친구를 외면할 수는 없어서 로빈슨과 프라이데이는 자기네 소득에서 10%씩 내어 새터데이의 소득을 보전해주기로 했다. 매달 80원을 버는 로빈슨은 8원을, 20원을 버는 프라이데이는 2원을 내어 다달이 10원씩 새터데이에게 주기로 한 것이다. 셋의 총소득은 '72원(로빈슨), 18원(프라이데이), 10원(새터데이)'이 된다.

시간이 지나자 프라이데이는 2원의 '세금'이 부담스러웠다. 80원 버는 로빈슨에게 8원은 별 게 아니지만, 20원 버는 그에게 2원은 큰돈이었다. 그래서 프라이데이는 로빈슨과 연합해 새터데이에게 가는 돈을 줄이기로 한다. 9원으로 7원으로 5원으로… 새터데이는 결국 굶어 죽는다. 물론 로빈슨이 80을, 프라이데이가 20을 갖는 격차는 그 후에도 그대로였다.

이번에는 그들이 우연히 기본소득을 알았다고 가정하자. 그래서 이번에는 세 사람 모두 10원의 기본소득을 받기로 했다. 필요한 돈 30원은 로빈슨이 24원을 내고 프라이데이가 6원을 내서 만든다. 세금이 3배로 커졌지만 둘의 납부액은 소득 차이를 반영하여 마찬가지로 4:1이다. 프라이데이는 세금 6원이 처음에는 부담스러웠지만, 기본소득 10원을 받고 보니 4원이 순이익이었다. 반면 로빈슨은 세금 24원을 내고 10원을 받아 순손실이 14원이다. 셋의 총소득은 '66원(로), 24원(프), 10원(새)'이 된다.

이제 프라이데이는 로빈슨이 아니라 새터데이와 연합한다. 둘은 기본소득을 20원으로 올리자고 로빈슨에게 제안해 관철시킨다. 로빈슨과 프라이데이가 내는 세금은 각각 48원, 12원이 된다. 프라이데이는 순이익 8원이, 로빈슨은 순손실 28원이 생긴다. 셋의 총소득은 '52원(로), 28원(프), 20원(새)'이 된다. 로빈슨의 부가 새터데이와 프라이데이에게 이전되고, 불평등이 대폭 개선된다.

결론은, 기본소득을 위한 증세는 중산층에게 손실이 아닌 이익이라는 거다. 과세 편견을 버리면 기본소득으로 돌아오는 부가 세금으로 빠져나가는 부보다 크다는 것을 알 수 있다. 선별복지는 빈곤층과 중산층을 다투게 하지만, 기본소득은 빈곤층과 중산층이 재벌 및 고소득자의 부를 분배하는 데 이해를 같이 하게 만든다. 물론 빈곤층과 중산층이 연대한다고 해도 부유층으로부터 양보를 받아내는 건 쉽지 않은 일이다. 하지만 그런 연대가 증세를 위한 첫걸음인 것은 분명하다.

거대한 벽에
누가 도전할 것인가

1970년 5월 4일, 아일랜드 독립기념일에 아일랜드은행 정문에 '은행 폐쇄' 공고가 붙었다. 긴 임금협상에 실패해, 은행 직원들이 파업에 들어간 것이다. 아일랜드은행 지점 85%가 그날부터 문을 닫았다. 경제학자와 평론가들은 입을 모아 "파업이 길어지면 아일랜드 경제는 붕괴될 것이다"라고 예언했다. 은행 없이 어떻게 경제가 돌아가고 산업이 가동될 수 있는가? 은행원들의 임금 인상 요구를 받아들이든지, 아니면 아일랜드는 끝장날 것처럼 보였다.

파업은 6개월간 지속되었다. 아일랜드 경제는 무너졌을까? 아무 일도 일어나지 않았다. 영국의『더 타임스』는 그 기간의 경제 지표를 근거로 "이 혼란은 아일랜드 경제에 어떤 영향도 주지 않았다"라고 보도했다. 아일랜드 중앙은행은, 대형 은행이 문을 닫았음에도 아일랜드 경제가 장기간 제 기능을 유지했음을 인정했다. 심지어 아일랜드 경제는 파업 기간에 성장을 지속했다. 돈이 사라졌을 텐데 이것이 어떻게 된 일일까?

돈은 사라지지 않았다. 정확히 말하면 새로운 돈이 나타났다. 아일랜드 사람들은 자기들의 화폐를 만들어냈다. 그리고 그 돈을 유통시킨 '은행'은 바로 동네 술집이었다. 한 동네에 오래 장사를 해온 술집 주인은 동네 사람들의 경제 사정을 누구보다 잘 알고 있었다. 그래서 그들이 신용보증인으로 선택되었다. 은행

파업이 시작된 지 얼마 지나지 않아, 아일랜드의 1만여 개 술집을 중개점node으로 삼는 분권화된 화폐 시스템이 나타났다. 정식 수표도 유통되었지만, 어떤 이는 담뱃갑 포장지나 화장실 휴지로도 화폐를 만들었다. 파업 기간에 이렇게 임의로 만들어진 화폐 액수는 50억 파운드에 달했다.[29]

물론 크고 작은 문제는 있었다. 기업은 투자에 필요한 돈을 조달하기 힘들었다. 하지만 반대로 기존 은행 시스템에서 빈번히 일어나던 문제는 일어나지 않았다. 위험천만한 투기도 일어나지 않았고, 부실경영을 한 경영자에게 거액 보너스를 주는 일도 일어나지 않았다. 아일랜드 사람들의 임기응변은 은행의 기능이 현대사회에서 과장되어 있다는 사실을, 그리고 사회적 신용이 실은 경제를 움직이는 더 중요한 요소라는 것을 우리에게 보여준다.

앞에서 우리는 세금을 기반으로 기본소득 재원을 확보하는 계획을 이야기했다. 여전히 기본소득 도입을 위한 가장 현실적인 방안은 증세를 하는 것이다. 하지만 그 외에 여러 재원 마련 방안을 상상해본다고 나쁠 게 있는가? 모든 아이디어가 기본소득 실현에 도움이 될 수 있다. 방금 살핀 아일랜드의 사례에 어떤 시사점이 있을까?

돈이 필요하면 우리는 돈을 만들어낼 수도 있다는 이야기다. 물가가 폭등하지 않겠냐고, 그렇게 쉬우면 지금까지 왜 못했겠느냐고 비난하는 소리가 들린다. 그러나 생각해보자. 일단 한국은행에서는 매년 돈을 추가로 만들어 시장에 공급한다. 추가 통화량은 경제 규모 증가와 인플레이션 등을 고려하여 결정한다. 경제학자들에 따르면 GDP의 3% 정도로 통화량을 증가시킨다고 인플레이션에 큰 영향을 주지 않는다. GDP 3%라면 약 45조 원이다. 단순화해서 말하면 일반적으로 통화 공급은 중앙은행인 한국은행이 개별 은행으로 대출해주고, 개별 은행에서 가계와 기업으로 대출을 제공하면서 이루어진다. 인플레이션에 영향을 주지 않을 범위에서 신규 통화의 일부를 기본소득으로 공급하는 것은, 은행 대출의 형식을 거치지 않을 뿐 경제에 어떠한 부작용도 일으키지 않는다. 물론, 현행법으로는 한국은행이 바로 개인에게 통화를 지급할 수 없다.

은행에서 발행하는 통화가 본질적으로 '부채'라는 점을 비판적으로 본 사상가도 있다. 1924년에 영국의 기술자 클리포드 더글러스Clifford H. Douglas는 '사회신용social credit'을 발행하자고 주장했다. 사회신용이란 은행이 아니라 정부가 직접 발행하는 '공공통화'다. 이 돈은 이자가 붙지 않고 오로지 교환수단으로만 쓸 수 있다. 부채가 아니므로 은행에 강제 회수당하는 경우도 없다. 한국의 가계 부채가 1500조 원에 이르는데, 소득이 이자의 형태로 은행으로 빨려 들어가니 소비도 어렵고 삶의 질도 떨어진다. 은행으로 되돌아가지 않는 형태의 돈을 공급한다면 사람들의 소비를 지속시킬 수 있다는 이야기다.

한편 2015년 3월 가이 스탠딩Guy Standing, 데이비드 그레이버

등 19명의 유럽 경제학자와 사회과학자들은 『파이낸셜타임스』 기고를 통해 유럽중앙은행ECB에 "민중을 위한 양적완화를 시행하라"고 제안했다. 양적완화란 앞에서 설명했듯이 경기부양 목적으로 돈을 집중 투입하는 것을 뜻한다. 2008년 금융위기 이후에 미국·일본·유럽에서 양적완화를 시행했다. 그런데 이 양적완화는 중앙은행이 새로 발행한 돈으로 여타 은행의 부실 채권을 인수하는 방식이었다. 즉 새로 찍은 돈으로 부실 은행과 기업을 구제한 것이다. 게다가 살아난 기업은 직원을 해고하여 수익 구조를 개선하는 대신 경영진과 주주에게는 고액 배당을 지급했다. 이 양적완화는 부자를 더 부자로 만들었을 뿐 국민경제에는 도움이 되지 않았다.

반면 가이 스탠딩 등이 제안한 '민중을 위한 양적완화'란, 은행이 아닌 유럽 시민에게 직접 돈을 지급하자는 내용이다. 즉 유럽중앙은행이 약 60억 유로를 발행하여 모든 유럽 시민에게 18개월 동안 매달 175유로(한화 약 23만 원)를 주라는 것이다. 만약 이 제안이 받아들여졌다면 전유럽 기본소득이 되는 셈이다. 가이 스탠딩 등은 이 방식이 만연한 사회적 불평등을 해소하는 데 도움이 되며, 노동자와 빈민의 구매력을 끌어올려 유럽의 정체된 경제를 활성화하고, 이주민에게 실질적 도움이 되리라고 기대한다. 이주민은 이주한 국가에 복지 부담을 준다는 비난을 종종 받고 있다. 실제로는 그들의 생산과 소비로 이주한 국가의 경제에 크게 기여하는 데도 말이다. 세계은행 연구에 따르면,

선진국이 지금보다 3%만 더 이주자를 받으면 약 세계 경제에 3000억 달러 이상의 소비가 추가로 일어날 것이 예상된다.[30]

2016년 현재 한국도 정부와 한국은행이 양적완화를 논의하고 있다. 그러나 목적은 부실기업 구제에 있다. 부실기업이 경제에서 차지하는 비중과 영향력에 따라 판단은 달라야 하겠지만, 부실기업을 살린다고 일자리가 많이 늘어나리라 기대하기는 사실상 무리다. 게다가 자칫하면 실패한 경영자에게 보상하는 꼴이 된다. 반대로 양적완화로 국민에게 기본소득 또는 시민배당을 지급할 수도 있다. 이때는 아마도 한시적으로 지급하게 될 것이다. 하지만 기본소득이 소비 증가로, 소비 증가가 생산 증가로, 혁신 기업의 등장과 경제 활성화로, 다양한 사회 활동과 정치에 대한 참여로 이어지는지 확인해볼 좋은 기회는 된다.

재원 마련은 중요하다. 하지만 결국 기본소득은 정치적 결단의 문제다. 더 구체적으로 말해 기본소득은 그것을 향한 시민의 열망 수준이 얼마나 높은가 그리고 그 열망을 현실로 바꿔낼 정치세력이 있는가에 달렸다.

리처드 닉슨은 진보적이지도 않았고, 나중에는 워터게이트 스캔들에 연루되어 대통령에서 물러난 인물이다. 하지만 그는 적어도 '빈곤과의 전쟁war on poverty'에서 승리하겠다는 포부가 있는 인물이었다. 그는 모든 빈곤 가정에 조건 없는 소득을 지원하는 법안을 만들었고 그 법안을 통과시키려고 집요하게 시도했다. 그가 제안한 가족부조계획 법안이 통과되면 미국의 4인 가족은 지금 가치로 1만 달러(약 1100만 원)에 해당하는 1600달러씩을 매년 받게 될 것이었다. 닉슨은 자신의 법안에 찬성해달라고 공화당과 하원을 찾아 설득했다. 상원이 두 차례나 자신의 법안을 부결했지만, 닉슨은 1974년에 사임할 때까지 조금씩 다른 방식으로 계속 시도하기를 포기하지 않았다. 닉슨의 정책자문이었던 대니얼 모이니한Daniel Moynihan은, 1990년대 클린턴정부가 국가의 복지 책임을 사실상 포기하는 방향으로 복지제도를 개혁하자, "역사가 저들을 부끄럽게 여길 것"이라며 탄식했다. 그 이후 미국 정부는 더 이상 빈곤과 전쟁하지 않고, 빈곤 계층과 전쟁을 하고 있다.

진보와 보수를 떠나, 대한민국에도 빈곤과 불평등의 거대한 벽에 도전하려는 책임감과 포부를 지닌 정치세력이 나와야 한다. 기본소득 보장과 노동시간 단축 그리고 복지 혁명이라는 '현실 가능한 유토피아'를 대안으로 내걸고 국민을 설득하는 그런 정치세력을 보고 싶다.

■ 기본소득에 대한 반문과 답변

①기본소득 때문에 위험하고 힘든 일은 아무도 안 한다?

기본소득이 생기면 사람들은 지저분하고 힘들고 위험한 일을 하지 않으려 할 것이다. 그런데 그러한 일들, 이를테면 기업이나 공공시설의 화장실 청소를 누군가는 해야 한다. 이런 일을 할 사람이 없으면 문제가 생기지 않겠는가?

2011년 여름, 기록적 폭우가 쏟아졌을 때, 서울 대치동 은마아파트의 지하실을 청소하던 김정자 할머니는 침수된 지하실에서 감전사했다. 김 할머니의 급여는 최저임금 수준인 월 60만 원이었다. 김 할머니의 경우처럼 '누군가는 해야 하는' 일에 대해 최저임금 혹은 그 이하로 대우해왔다는 게 더 문제다. 누군가를 힘들고 지저분한 직무에 붙박고 투명인간 취급하는 사회는 비윤리적이다.

사회적으로 꼭 필요하지만 지원자는 적은 일을 유지하려면 크게 세 가지 방법이 있다. 첫째, 기술 혁신으로 업무를 자동화한다. 둘째, 임금과 복지 수준을 대폭 높인다. 고임금은 그 일에 대한 사회적 인식을 개선하는 효과도 낳는다. 셋째, 그 일로 혜택받는 사람들이 일을 분담한다. 기업의 화장실 청소는 기업 대표와 임직원이, 대학의 창고 정리는 총장과 교수와 학생들이 하는 식이다.

정의로운 사회에서는 생계의 압박 때문에 힘들고 더럽고 위험한 일을 억지로 맡는 경우가 없어야 한다. 그런 일이 공동체를 위해 필요하다면 보상을 올리거나 각자 공평하게 몫을 나누어 해야 한다. 소득의 분배만이 아니라 노동의 분배도 정의로워야 하기 때문이다.

②기본소득은 복지를 상품화하는가?

기본소득은 국가가 의무적으로 제공해야 할 복지 서비스를 죄다 개인이 시장에서 구매하도록 하자는 걸까? 저렴한 공공주택을 보급하는 게 아니라, 월세 낼 돈을 개인 통장에 넣어주자는 걸까? 그런 방식이라면 개인은 시장에 점점 더 크게 의존하게 되지 않을까?

독일 기업가 괴츠 베르너처럼 궁극적으로 모든 복지를 기본소득으로 대체하자는 기본소득 지지자도 있다. 그러나 대부분의 기본소득론자는 그렇게 생각하지 않는다. 2016년 제16차 기본소득 지구네트워크 대회에서는 기본소득과 공공 사회보장 서비스가 병행돼야 한다는 점을 분명히 했다. 의료·교육·보육·대중교통 등 공공성을 지닌 서비스는 모두에게 저렴하고 안정적으로 제공되어야 한다. 기본소득 도입 주장은 공공복지를 기본소득으로 대체하자는 주장과 결코 같지 않다.

기본소득 지지자들은 현금 지급이 시장에 대한 개인의 의존도를 높인다고 생각하지 않는다. 오히려 그 반대다. 시장경제에서 각자에게 현금이 부족하면 현금 확보 경쟁이 치열해진다. 이때 소득의 원천이 취업 노동에 한정돼 있으면, 구직 경쟁은 점점 심해지고 임금은 낮아지며 노동자에 대한 고용주의 권한은 커진다. 이야말로 개인에 대한 시장의 지배력이 강력해지는 것이다. 기본소득은 복지를 상품화하지 않는다. 오히려 기본소득은 노동력을 탈상품화하는 계기가 될 것이다.

③기본소득이 소비를 늘리면 환경에 악영향을 주지 않을까 ?

자본주의 소비문화가 생태계에 갈수록 부담을 주고 있다는 비판은 일반적으로 옳다. 그런데 조금 자세히 들여다보자. 오늘날 소비는 크게 두 가지 문제를 안고 있다. 첫째는 소비 불평등이다. 한쪽은 생필품·교육·의료·통신·문화 등 인간다운 생활에 필요한 소비조차 부족한데, 한쪽에는 사치품 등의 낭비적 소비가 넘쳐난다. 둘째는 대량소비다. 그런데 이는 장시간 노동과 관련이 있다. 사람들은 '짧은 노동 - 적정 소득 - 더 많은 여가' 대신 '장시간 노동 - 더 많은 소득 - 소비에 의한 만족'을 추구하게끔 사실상 강요당한다. 두 문제 모두 단순히 소비를 줄이라는 비판만으로는 해결하기 힘들다.

기본소득을 도입한 사회는 서민에게는 구매력을 제공해 인간다운 삶을 위한 소비의 기회를 늘리고, 부자에게는 세금을 더 걷어 환경에 불필요한 부담을 주는 낭비적 소비를 줄일 수 있다. 즉 소비 불평등을 해소한다. 또한 기본소득이 도입되면 사람들의 관심사가 노동에서 여가로 옮겨가면서 욕구도 달라질 것이다. 평생 학습, 문화 예술, 자연과의 조화, 타인과의 교감 등에 더 많은 관심을 기울일 것이다. 그리고 이러한 욕구를 충족시키는 서비스는 환경에 미치는 부담이 그리 크지 않다.

④기본소득을 주더라도 사용을 적절히 규제해야 하지 않을까?

사람들이 기본소득을 헤프게 쓰거나 도입 취지에 맞지 않게 사용한다면? 술·담배·도박 따위에 탕진하면 어쩌나? 차라리 특정 생필품으로만 교환 가능한 상품권(혹은 쿠폰)을 주는 게 낫지 않나?

사용처를 제한한 쿠폰 등으로 지급한다면 '깡'의 유혹이 생긴다. 쿠폰을 현금으로 바꾸는 것이다. 쿠폰은 당연히 그 가치보다 낮은 금액으로 교환될 것이고, 그 과정에서 누군가 부당 이익을 챙길 것이다. 차라리 처음부터 현금을 지급하는 게 낫다. 물론 사람들은 처음에는 돈을 받아 진탕 술을 마실 수도 있지만, 곧 자기에게 가장 좋은 사용 방법을 찾을 것이다. 이는 인도, 나미비아 등에서 시행된 기본소득 실험에서도 반복적으로 확인되었다. 시행착오를 거치며 자기 소득에 자율적 책임을 지는 법을 배우는 것 역시 민주주의의 과정이다. 아마 기본소득을 가치 있게 사용하는 방법에 대해서 학교와 여러 지식인들이 다양한 제안을 내놓을 것이다.

한국에서 기본소득을 주면 각 가정은 사교육비로 다 쓸 거라는 우려도 있다. 그럴까? 생계가 보장되고 취업 압박이 줄어들면, 대학 진학에 지금처럼 과열 경쟁을 할 필요가 없을 것이다. 지금 우리가 걱정하는 많은 문제는 기본소득 보장 사회에는 기우가 될 가능성이 크다.

> 형, 백만 원 부쳤어
> 내가 열심히 일해서 번 돈이야
> 나쁜 데 써도 돼
> 형은 우리나라 최고의 시인이잖아.
> ―이문재, 「문자메시지」

⑤기본소득이 인플레이션을 발생시키지 않을까?

물가 인상의 원인으로는 수요 증가도 있고 비용 증가도 있다. 기본소득제가 도입되면 지금보다는 수요가 늘어날 것이므로 이는 인플레이션의 요인이 된다. 하지만 기계적으로 물가가 오르지는 않는데, 수요가 늘면 생산이 자극을 받아 공급도 늘고, 공급이 늘면 물가는 하락 압력을 받기 때문이다. 또 공급이 늘면 기업은 가격경쟁력을 유지하기 위해 생산성을 높이려고 노력한다. 그래서 기술 혁신의 영향을 많이 받는 휴대폰이나 컴퓨터 등 첨단 기기는 식량 같은 재화와 달리 가격이 빠르게 하락하는 경향이 있다.

한편 물가 인상은 비용이 오르면서 일어날 수도 있다. 원자재 가격이나 인건비의 상승, 상품에 붙는 부가가치세 인상에 의해 물가가 올라가는 식이다. 이 가운데 기본소득과 관련 있는 것은 기본소득의 재원을 마련하기 위해 부가세를 인상하는 경우다. 한국은 상대적으로 부가세가 낮은 편이라 올릴 여지가 있다. 그런데 이 경우에도 대다수 시민들은 낸 세금보다 기본소득으로 돌려받는 돈이 더 크다. 오히려 이익이다.(상위 고소득자들은 그렇지 않다.)

기본소득이 통화량을 늘리므로 물가가 오르지 않을까? 기본소득의 재원을 일단 세금으로 마련한다고 하면 그렇지 않다. 이경우 기본소득은 부의 재분배지 통화량을 늘리는 게 아니다.

부자 한 사람이 호화 골프 투어에 소비할 돈을 세금으로 거두어 노동자 100명의 생필품과 문화예술 소비를 지원한다고 보면 된다. 후자가 경제에도 더 낫다.

⑥기본소득은 성별 분업을 강화하지 않을까?

기본소득이 도입되면 사람들은 전일제 정규직 노동을 예전만큼 선호하지 않을 것이다. 아이를 둔 여성은 육아를 위해 파트타임 일자리나 자발적 실업을 선호할 수도 있다. 그런데 그럴 경우 육아와 가사 노동이 여성의 몫으로 더 굳어지는 건 아닐까? 기본소득도 받는데 집에 있지 뭐 하러 출근하느냐는 사회적 압력이 여성에게 가해지지는 않을까?

충분히 우려할 만하다. 하지만 기본소득은 그 반대 방향으로의 압력도 만들어낸다. 기본소득이 생기면 여성의 경제적 자립 능력이 커진다. 가정이란 울타리와 남성의 경제력에 훨씬 덜 의존하게 되고, 남성에게 육아와 가사를 분담하자고 더 강하게 요구할 수 있다. "나 안 해!"라고 할 힘이 생기는 것이다. 노동시간이 전반적으로 단축되면서 남성도 여성의 요청에 따르기가 더 쉬워진다.

한국 사회에서는 오랫동안 '남자가 생계를 전담하고 여자가 돌봄을 담당하는' 모델이 일반적이었다. 여성이 취업 시장으로 대거 진출한 후에도 돌봄 책임은 여전히 그들의 몫이어서 여성은 이중고를 감내해야 했다. 우리가 추구할 모델은 '사회가 생계를 책임지고 돌봄은 남녀와 공동체가 함께 담당하는' 것이다. 기본소득은 이런 모델로 가는 디딤돌이다.

⑦기본소득으로 임노동자와 아닌 자가 대립하지 않을까?

현재 제안되고 있는 기본소득 액수(적게는 20만 원에서 많게는 60만 원)로는 임금노동을 하지 않고서 원하는 활동만 하며 살기는 힘들다. 하지만 점점 기본소득이 늘어나 노동소득을 완전히 대체할 수 있다면? 그때도 누군가는 노동을 하겠지만, 노동을 완전히 그만두는 사람도 나올 것이다. 존 롤스는 캘리포니아 말리부 해변의 서퍼를 언급하며 온종일 서핑만 하는 이를 사회가 부양해선 안 된다고 한 바 있다. 이런 사람에게 기본소득을 준다면, 노동하는 사람이 불만을 갖지 않을까?

앞에서 언급했듯이, 자신이 어떤 노동의 혜택을 받는 공동체에 속해 있고 누군가는 그 노동을 해야 한다면, 공동체 구성원들이 노동 의무를 나눠 지는 게 옳다. 서퍼가 파도를 즐기는 동안 해변을 힘들게 청소하는 노동자가 있다면, 우리는 서퍼에게 해변 청소에 참여하라고 요구해야 할 것이다.

하지만 기본소득이 도입되고 나면 취업 노동의 의미와 형태도 지금과는 크게 달라질 것이다. 노동 환경이 보다 좋게 바뀔 것이고, 보람과 자아실현을 위해 일을 하는 사람들도 많아질 것이다.

그렇게 된다면 지금 우려하는 갈등이 일어날 가능성은 적다.

⑧기본소득을 한꺼번에 주는 게 낫지 않을까?

가령 스무 살이 된 남녀 시민에게, 30~40년간 지급할 기본소득을 합친 목돈을 안겨주면 그들은 훨씬 더 자유롭게 인생을 시작하지 않을까? 예일대 석좌교수 브루스 애커먼과 앤 알스톳은 이러한 취지로 '사회적 지분'을 제공하자고 제안한다. 성인이 된 모든 남녀에게 사회 공유자원에 대한 배당금으로 8만 달러씩 일시불로 주자는 내용이다. 한국의 경우, 매월 30만 원 기본소득 대신 스무 살이 되면 가령 1억 원 정도를 한 번에 준다면?

가장 큰 문제는, 일시불 목돈은 취업 노동에서 벗어난 사회를 지향하자는 기본소득 취지와 다르다는 점이다. 목돈을 쥔 사람은 결국 그것으로 무언가 수익성 있는 일을 벌여야 한다. 회사를 세우거나 가게를 내는 식으로 말이다. 기본소득도 취업 노동을 단번에 없앨 수는 없다. 그렇지만 생계 부담을 줄여 일과 자유 사이에 선택의 폭을 넓혀준다. 반면 목돈을 쥐면 그것을 잘 운용해야 하는 부담감과 불안감에서 벗어날 수 없다. 목돈 지급은 과잉 노동 사회를 연장하는 길이 될 수 있다.

게다가 목돈을 잘못 투자해 날리거나, 가족이 큰 병에 걸려 치료비로 써버린다든가, 허튼 곳에 탕진한다면, 그는 이후에는 아무런 보장을 받을 수 없다. 반대로 그 돈을 투자했다가 더 큰 돈을 버는 사람도 나올 수 있다. 즉 목돈의 지급은 불평등을 해소하는 대신 격차를 더 벌릴 수도 있다. 이에 비하면 기본소득은 삶의 지속적이고 안정적인 보장 수단이다. 몇 번의 실수나 불운 때문에 남은 삶 전체가 추락하는 일은 없다. 따라서 기본소득은 평등한 자유라는 정의 원칙에 더 부합한다.

바람을 타고 들려오는 대답

미국의 대중가수 밥 딜런은 1962년에 첫 앨범을 낸 이래 반세기 넘게 문학적인 노랫말로 반전과 평화의 메시지를 전해왔다. 그는 2016년에 노벨문학상을 받기도 했는데, 대중가수에게 노벨문학상이 돌아간 것은 처음이지만 사람들은 밥 딜런이라면 받을 만하다고 수긍했다. 그가 베트남전쟁에 반대하며 부른 〈블로잉 인 더 윈드Blowin' in the wind(바람을 타고 들려오는 대답)〉는 그의 대표곡 가운데 하나다. 그런데 사실 이 노래는 기본소득 지지자들과도 인연이 깊다.

기본소득 지구네트워크 대회에서는 폐회식마다 〈블로잉 인 더 윈드〉를 부르는 전통이 있다. 2016년 서울 대회의 폐회식에서도 이 전통은 지켜졌다. 브라질 노동당 상원의원이자 브라질 시민기본소득법을 제정하는 데 큰 역할을 한 에두아르 수플리시가 큰 소리로 선창을 하고 대회 참가자 300명이 합창했다.

How many roads must a man walk down before you call him a man?(얼마나 많은 길을 걸어야 인간으로 불릴 수 있나)

Yes, 'n' how many seas must a white dove sail before she sleeps in the sand?(얼마나 많은 바다를 건너야 흰 비둘기는 모래밭에 쉬게 될까)

Yes, 'n' how many times must the cannon balls fly before they're forever banned?(얼마나 많은 포탄이 날아야 포탄이 영원히 금지될 수 있을까)

The answer, my friend, is blowin' in the wind, the answer is blowin' in the wind. (친구여, 그 대답은 바람 속에 있지 바람 속에 있어)

Yes, 'n' how many years can a mountain exist before it's washed to the sea?(얼마나 긴 시간이 지나야 산은 파도에 씻겨 사라질까)

Yes, 'n' how many years can some people exist before they're allowed to be free?(얼마나 긴 세월을 기다려야 사람들은 자유로워질 수 있을까)

Yes, 'n' how many times can a man turn his head, pretending he just doesn't see?(마치 아무 것도 모른다는 듯 그는 얼마나 더 고개를 돌릴까)

The answer, my friend, is blowin' in the wind, the answer is blowin' in the wind.(친구여, 그 대답은 바람 속에 있지 바람 속에 있어)

Yes, 'n' how many times must a man look up before he can see the sky?(얼마나 많이 저 위를 보아야 겨우 하늘을 볼 수 있나)

Yes, 'n' how many ears must one man have before he can hear people cry?(얼마나 많은 귀가 있어야 사람들이 울부짖는 소리를 들을 수 있나)

Yes, 'n' how many deaths will it take till he knows that too many people have died?(얼마나 더 죽어야 너무나 많은 사람이 죽었다는 사실을 그가 알까)

The answer, my friend, is blowin' in the wind, the answer is blowin' in the wind.(친구여, 그 대답은 바람 속에 있지 바람 속에 있어)

"대답은 바람 속에 있다." 바람 소리 때문에 대답은 잘 들리지 않는다. 하지만 대답은 바람을 타고 들려오고 있다. 간절히 귀 기울이는 사람은 바람을 타고 들려오는 대답을 듣는다. 전쟁 없는 세상, 평화로운 세상, 자유로운 세상은 과연 가능한가 하는 물음의 대답을 말이다. 많은 이들이 그런 세상은 한낱 꿈이라며 외면할 때, 소수의 사람들은 바람 속에서 들은 대답과 희망을 주변에 퍼트린다. 미약하지만 집요하게, 외면당하더라도 끈질기게. 세상의 진보는 그렇게 시작된다. 서울에서 〈블로잉 인 더 윈드〉를 합창한 기본소득 지지자들도 같은 마음이었을 것이다.

미래학자 오브리 드 그레이는 "1000살까지 사는 사람이 이미 태어나 있다"라고 주장한다. 다소 과장이지만, 발전하는 의학 기술의 속도를 보면 그런 자신감을 가질 만하다. 그런데 의학기술만일까. 앞에서 이야기한 것처럼 인류는 역사상 어느 때보다 진보한 기술, 누적된 부 위에 서 있다. 이제 이 기술과 부를 이용해 무엇을 할 것인가. 보편적 기본소득 보장 그리고 노동시간의 획기적 단축이다. 이 두 가지를 발판으로 삼아야 우리는 불평등이 없는 세상, 노동으로부터 자유로운 삶으로 나아갈 수 있다.

　이 책은 실은 몇 년 전부터 구상했다. 그때만 해도 기본소득은 사람들에게 낯선 주제여서, 차근차근 설명한다는 생각으로 내용을 기획했다. 그러다가 여러 가지 일로 인해 작업이 늦어졌고, 다시 작업에 달려들었을 때는 상황이 완전히 바뀌어 있었다. 밥 딜런의 노랫말처럼 바람을 타고 겨우 들려오던 기본소득이 어느새 천둥처럼 커다란 소리를 내고 있었다. 기본소득에 사람들의 관심이 커진 것은 필자에게 당연히 행운이지만 또 그만큼 부담이기도 했다. 기본소득에 관한 논의가 점점 빨라져 책에 다 담아내기가 힘들었기 때문이다. 그래서 독자에 따라서는 이 책만으로는 부족함을 느낄 수 있다. 하지만 이 책은 이제 막 기본소득에 관심이 생겼거나 막연하게 알고 있는 독자에게 기본소득의 핵심 내용을 알리고 지지를 호소하기 위해 썼다는 점을 너그러이 양해해주셨으면 한다.

　"산이 무함마드에게 오지 않으면 무함마드가 산으로 가야 한다."

아랍의 속담이다. 이슬람의 창시자 무함마드에게 군중은 기적을 보여달라고 요구했다. 무함마드는 그러겠노라고 했다. 군중들이 지켜보는 가운데 무함마드는 저 멀리 산을 향해 "오너라!" 하고 소리쳤다. 산은 꿈쩍도 하지 않았다. 무함마드는 다시 한 번 "오너라!" 하고 외쳤다. 역시 변화가 없었다. 무함마드는 웃으면서, "그럼 내가 가면 되지" 하고 산을 향해 걸어갔다. 기적을 기다리며 빌고 있느니 목표를 향해 한 걸음이라도 내딛는 게 낫다. 무함마드는 그 사실을 군중에게 몸소 보여준 것이다.

'헬조선' 한국 사회에서, 로또 당첨이든 뭐든 꽉 막힌 내 삶을 풀어줄 기적을 바라지 않는 사람은 없다. 하지만 누구나 알고 있듯 기적은 없다. 산이 내게 오지 않으면 우리가 산으로 가야 한다. 우리의 꼬인 삶과 답답한 대한민국을 바꿀 대안은 우리 스스로 찾아야 한다. 다행히 그 대안이 성큼 다가와 있다. 바로 기본소득이다.

1장 기본소득, 왜 지금일까?

1   2016년 7월 7~9일, 기본소득 지구네트워크(BIEN)가 주최하는 제16차 기본소득 지구네트워크 대회가 서울 서강대학교에서 열렸다. 20여 개 나라에서 약 300명이 참가했다.

2   Rutger Bregman, 『Utopia For Realists: The Case For A Universal Basic Income, Open Borders, And A 15 - Hour Workweek』. 이 책을 쓰는 데 루거 브레그먼의 책에서 큰 도움을 받았다.

3   Rutger Bregman, 같은 책

4   「창세기」 2장 15절, 『구약성서』

5   샤를 푸리에 지음, 변기찬 옮김, 『사랑이 넘치는 신세계』, 책세상, 2007.

6   강남훈·안효상 외, 『기본소득 운동의 세계적 현황과 전망』, 박종철출판사, 2014.

7   강남훈·곽노완·이수봉, 『즉각적이고 무조건적인 기본소득을 위하여』, 민주노총, 2009.

8   〈청년 배당으로 3년 만에 과일 사먹었어요〉, 《프레시안》, 2016. 2. 25.

9   녹색전환연구소, 기본소득 청 '소'년 네트워크가 청년배당 대상자 498명에게 진행한 설문조사.

10   여론조사기관 리얼미터 2020년 6월 조사.

11   「Basically unaffordable」, 『The Economist』, 2015. 5. 23.

12   Rutger Bregman, 같은 책.

13   유승호, 『서열중독』, 가쎄, 2015.

14   「한국 노인 자살률, OECD 평균의 4배」, 『경향신문』, 2013. 1. 29.

15   Rutger bregman, 같은 책.

16   김대식, 『인간vs기계』, 동아시아, 2016.

17   「초등생 절반 "인공지능 선생님 괜찮아요"」, 『한겨레』, 2016. 5. 31.

18   김윤영·정환봉, 『죄송합니다, 죄송합니다』, 북콤마, 2014.

19   위키피디아, '송파 세 모녀 자살 사건' 참고.

20 〈복지사 1명이 평균 500명 담당…새 인력 충원 시급〉,《JTBC NEWS》, 2014. 3. 7.

21 〈과로사 아니면 자살, 사회복지사〉,《참세상》, 2013. 11. 19.

22 「79만원 복지의 함정」,『중앙일보』, 2012. 1. 25.

23 「희귀병 구모 씨 알바를 관뒀다」,『중앙일보』, 2012. 1. 25.

24 김희삼,「왜 그걸 못 참느냐고?」,『나라경제』 27권, 2016년 8월호.

25 '청년배당자 82%, 기본소득 모두에게', 다음스토리펀딩 〈기본소득 월 135만원 받으실래요?〉.

26 '바닥 높이기(Rasing the floor)'는 미국 최대의 서비스업노동조합 SEIU의 전 노조위원장인 앤디 스턴이 쓴 기본소득을 주장하는 책 제목이기도 하다.

27 오찬호,『우리는 차별에 찬성합니다』, 개마고원, 2013.

28 〈10대 재벌 총수 배당금 3천억대 '껑충'〉,《민중의소리》, 2015. 3. 8.

29 버지니아 울프 지음, 이미애 옮김,『자기만의 방』, 민음사, 2016. 인용한 대목을 편의상 약간 수정했다.

30 https://www.measuringworth.com 참고. 화폐 가치를 시대별로 환산해 볼 수 있는 사이트다.『The Telegraph』에 Radhika Sanghani가 쓴 「75 years after Virginia Woolf's death, women still want rooms of our own」 참고. 울프의 전기 작가 허마이오니 리는 500파운드가 1990년대 말 가치로 약 2만5000파운드라고 추정했다.

31 변영철 변호사, 〈비정규 노동자와 원자력 발전소〉,《매일노동뉴스》, 2016. 4. 18.

2장 공짜 돈을 주면 게을러진다고?

1 「Cutting out the middle men」,『The Economist』, 2010. 11. 4.

2 BIG Coalition Namibia, 2009. 최광은,『모두에게 기본소득을』(박종철출판사, 2011)에서 인용.

3 〈인도와 나미비아의 기본소득 실험, 희망과 한계 사이〉,《조선비즈》, 2016. 9. 26.

4 Sarath Davala,「The Emancipatory Power of Basic Income: An Optimistic Note From Indian Experience」, 제16차 기본소득 지구네트워크 대회 전체 세션 발표.

5   레지타 나이르 교수, 제16차 기본소득 지구네트워크 대회 발표.

6   Rutger bregman, 같은 책.

7   Rutger bregman, 같은 책.

8   Whitney Mallett, 〈The Town Where Everyone Got Free Money〉,《Mother-board》, 2015. 2. 4.

9   「기본소득? 게으른 베짱이는 없었다」,『한겨레21』, 2016. 7. 18.

10 Rutger bregman, 같은 책.

11 〈가난은 아이의 두뇌에 영향을 미칩니다〉,《뉴스 페퍼민트》, 2015. 4. 2.

12 Rutger bregman, 같은 책. 이 부분은 센딜 멀레이너선 · 엘다 샤퍼가 쓴『결핍의 경제학』(RHK, 2014)에 원래 내용이 나와 있다.『결핍의 경제학』역자는 bandwidth 를 '대역폭'으로 옮겼는데, 이 단어에 컴퓨터 연산의 처리량이라는 뜻이 있고, 문맥 상 처리량이 이해하기도 더 쉬울 것 같아 처리량으로 옮겼다.

13 센딜 멀레이너선 · 엘다 샤퍼 지음, 이경식 옮김,『결핍의 경제학』, RHK, 2014.

14 칼 폴라니 지음, 홍기빈 옮김,『거대한 전환』, 길, 2009.

15 Rutger bregman, 같은 책.

16 Detail of The New Poor Law poster 1837, http://www.nationalarchives.gov.uk

3장 일이냐 삶이냐

1   제16차 기본소득 지구네트워크 대회 중 '종교와 기본소득' 세션에서 이영재 목사 (성서와설교연구원)의 발제.

2   「레위기」 25장 10절,『구약성서』.

3   김판임, 「포도원주인의 비유를 통해서 본 경제정의에 대한 예수의 이해」,『신학사 상』, 154집, 2011년 가을호.

4   김종철, 「민주주의가 유일한 대안이다」,『녹색평론』149호, 2016년 7~8월호.

5   〈Would a work-free world be so bad?〉,《Atlantic》, 2016. 6. 24.

6   장훈교, 〈자본주의 산업화와 노동윤리〉,《울산저널》, 2015. 8. 27.

7   케이시 윅스 지음, 제현주 옮김,『우리는 왜 이렇게 오래 열심히 일하는가?』, 동녘,

2016.

8 레이 커즈와일 지음, 장시형·김명남 옮김, 『특이점이 온다』, 김영사, 2007.

9 bregman, 같은 책.

10 김어진, 「대안사회경제의 소비—풍요와 개성이 확장되는 새로운 소비원리」, 한국
    사회경제학회 2016년 겨울 정기학술대회.

11 케이시 윅스, 같은 책.

12 나무위키, '일하면 지는 거라고 생각합니다.' 항목 참고.

13 로버트 스키델스키·에드워드 스키델스키 지음, 김병화 옮김 『얼마나 있어야 충분
    한가』, 부키, 2013.

14 케이시 윅스, 같은 책.

15 Toru Yamamori, 「What can we learn from a grassroots feminist UBI move-
    ment?」, 제16차 기본소득 지구네트워크 대회 발제문.

16 로버트 스키델스키·에드워드 스키델스키, 『얼마나 있어야 충분한가』, 부키, 2013.

17 강내희, 「너무 긴 한국의 노동시간」, 『한겨레』, 2016. 4. 25.

18 김영선, 「과로사회 극복을 위한 노동 패러다임의 전환」, 한국산업노동학회 2016년
    봄 정기학술대회 발제문.

19 Rutger bregman, 같은 책.

20 〈노동자들의 출퇴근 시간, 정치 참여랑 상관 있다?〉, 《오마이뉴스》, 2013. 11. 29.

21 Rutger bregman, 같은 책.

22 Rutger bregman, 같은 책.

4장 기본소득, 우리는 자격 있다

1 류은숙, 〈디거스의 노래〉, 《인권문헌읽기》, 인권오름, 2006. 5. 10.

2 국토교통부, 2013년; 남기업, 「롤스의 정의론을 통한 지대기본소득 정당화 연구」,
   『공간과 사회』, 24권 1호, 2014년 3월.

3 장 자크 루소, 주경복 옮김, 『인간 불평등 기원론』, 책세상, 2003.

4 피터 반스 지음, 위대선 옮김, 『우리의 당연한 권리, 시민 배당』, 갈마바람, 2016.

5 최광은 옮김, 「기본소득의 역사」, Basic Income Earth Network.

6　피터 반스, 같은 책.

7　피터 반스, 같은 책.

8　이항우, 「정동 경제의 가치 논리와 빅데이터 폴리네이션」, 『경제와 사회』, 104호
　2014년 12월.

9　피터 반스, 같은 책.

10　강남훈, 「인공지능과 보편기본소득의 권리」, 제16차 기본소득 지구네트워크 대회
　전체 세션 발표.

11　존 롤스, 황경식 옮김, 『정의론』, 이학사, 2003.

12　〈벼랑 끝에 몰린 청년, 왜 '붕괴'를 택했나?〉, 《KBS 뉴스》, 2015. 2. 12.

13　남정욱, 〈헬조선은 불평분자들 마음속에〉, 《조선일보》, 2015. 10. 17

14　존 롤스, 같은 책.

15　대니얼 리그니, 박슬라 옮김, 『나쁜 사회Mattew effect』, 21세기북스, 2011.

16　피터 반스, 같은 책.

17　장수명·한치록, 「계층구조 및 사회이동성 연구」, 한국보건사회연구원, 2011 중 교
　육정책과 계층이동 부분.

18　전병유·신진욱 엮음, 『다중격차』, 페이퍼로드, 2016.

19　Richard Whately, 『Easy Lessons on Money Matters』, 1837.

20　필리페 판 파레이스, 조현진 옮김, 『모두에게 실질적 자유를』, 후마니타스, 2016.

21　필립 페팃 지음, 곽준혁 옮김, 『신공화주의』, 나남, 2012.

22　모리치오 비롤리 지음, 김동규·김경희 옮김, 『공화주의』, 인간사랑, 2006.

23　모리치오 비롤리, 같은 책.

24　「투표 참여가 소득불평등 줄인다」, 『주간동아』, 2016. 4. 12.

25　대한민국 복지논쟁 대토론회: 복지국가론vs기본소득론, 정승일 발제문, 2014. 5. 15.

26　기본소득 재원 논의는 강남훈, 「한국에서 단계적 기본소득 도입을 위한 재정모형」
　을 참고했다.

27　강남훈, 「성남시 청년배당 실행방안 연구」, 성남시, 2015

28　강남훈, 「왜 기본소득인가」, 『기독교사상』, 2016년 6월호에 나오는 '기본소득은 중
　산층에게 유리하고 선별복지는 중산층에게 불리하다' 부분을 참고해 변형했다.

29　Rutger bregman, 같은 책.

30　Rutger bregman, 같은 책.

| 찾아보기 |

지위경쟁사회
왜 우리는 최선을 다해 불행해지는가?

마강래 지음

성취의 질이 아닌 오로지 상대평가로 판가름 나는 경쟁사회의 덫. '지위경쟁'은 본디 학력이 지위 상승의 수단이 되면서 사람들이 점점 더 높은 학력을 추구하는 현상을 가리키는 용어이지만, 저자는 이 개념을 사회 전반으로 확장해 관찰하고 해석한다. 그리하여 노동·소비·교육·결혼 등 삶의 주요 길목에서 '남들보다' 소수점 한 자리라도 앞서 있기 위해 발버둥치는 지위경쟁사회의 풍경이 펼쳐진다. 이런 사회에서는 아무도 발 뻗고 잠들 수 없다. 상대평가로 굴러가는 지위경쟁사회를 멈추지 않는 한 모두의 최선은 모두의 제자리걸음일 뿐이다.

우리는 차별에 찬성합니다
괴물이 된 이십대의 자화상

오찬호 지음

오늘날 이십대는 사회적 약자요, 무한경쟁과 각자도생 시대의 희생자로 여겨진다. 그러나 이 책의 저자는 대학에서 그들과 직접 부대끼면서 통념과는 거리가 먼 이십대의 또 다른 얼굴을 찾아냈다. 그들은 사회구조가 불러온 불이익을 오롯이 스스로의 책임인 양 수긍하는 한편, 경쟁의 패자를 무참히 차별하고 멸시하는 데 일말의 죄책감도 느끼지 못한다. 저자는 이십대 학생들이 작성한 2000장의 에세이를 검토하고 50여 차례의 심층 인터뷰를 진행, 차별과 배제의 법칙을 내면화하여 새로운 '윤리'로 신봉하게 된 이십대들을 살피고 무엇이 이들을 구석으로 내몰았는지 탐구한다. 이 책은 암울한 시대에 암울하게 변해버린 이십대들의 슬픈 몽타주다.

대출 천국의 비밀
내 빚더미에 감춰진 진실

송태경 지음

가계부채 1500조 원 시대, 그리하여 아이부터 노인까지 전국민이 각자 3000여만 원의 빚을 이고 사는 시대, 온 세상이 빚 천지다. 이 책은 나와는 상관없는 듯하지만, 실제로는 나와 내 가족의 현실 또는 가까운 미래가 돼 버린 대부업 시장을 다룬다. 대부업이 황금알을 낳는 시장이 된 비밀, '고리대금 공화국'이 탄생한 원인, 문제해결의 대안 등을 되도록 소상히 밝히고자 노력했다. 또 이미 사채·고리대의 늪에 빠진 피해자들을 위해 꼭 필요한 정보와 구체적인 대처법을 가능한 한 상세히 서술하고자 했다.

무너져가는 사회의 마지막 희망, 기본소득

국가나 정치공동체가 그 구성원에게 조건 없이 지급하는 일정한 생활비, 이것이 기본소득이다. 불과 몇 년 전만 하더라도 이 아이디어는 비현실적일 뿐만 아니라, 도덕적으로 부당한 것으로 여겨졌다. 그러나 지금 기본소득은 인공지능의 충격, 일자리 소멸, 마이너스 성장, 복지국가의 실패 등 현대사회가 부딪힌 막다른 골목을 벗어나게 해줄 유일한 아이디어로 주목받으며, 세계 곳곳에서 뜨거운 바람을 불러일으키고 있다.

"재미있다. 알기 쉽다. 설득력 있다. 영화·소설·역사 속 이야기로 기본소득의 실마리를 찾아나간다. 기본소득은 모두에게 아무 조건 없이 현금을 지급하는 단순한 정책이다. 그러나 그 철학이나 경제적 효과는 결코 간단치 않다. 저자는 난해한 기본소득 철학과 복잡한 경제적 효과를 재미있고, 쉽고, 설득력 있게 설명하는 데 성공했다."

— 강남훈(한신대 경제학과 교수, 기본소득 한국네트워크 공동대표)

03300

9 788957 693797

ISBN 978-89-5769-379-7

값 14,000원